sobinfluenciaedições

uma política da loucura
e outros textos

françois tosquelles

organização e tradução
anderson santos

7   Prefácio
    Paulo Amarante

12 Caminhar com François Tosquelles
    Anderson Santos

33 O SIGNIFICADO DAS CONSIGNAS DO POUM

42 A GUERRA CIVIL ESPANHOLA

51 UMA POLÍTICA DA LOUCURA

71 POLÍTICA E PSIQUIATRIA
    semiótica e psicanálise

118 OS LIMITES DA ORGANIZAÇÃO LIBERAL DA MEDICINA

124 TOSQUELLES POR ELE MESMO

135 O QUE SE DEVE ENTENDER POR PSICOTERAPIA INSTITUCIONAL?

153 XENOFOBIA E PSIQUIATRIA

159 A EFERVESCÊNCIA SAINT-ALBANESA

172 FRANTZ FANON EM SAINT-ALBAN

181 CURIOSIDADE CLÍNICA, CLÍNICA DA CURIOSIDADE

191 Pela memória de François Tosquelles
    Jacques Tosquellas

PREFÁCIO
Uma política da loucura para (re)atualizar e renovar a agenda da reforma psiquiátrica e da luta antimanicomial

Paulo Amarante

Uma política da loucura, organizado por Anderson Santos, marca o início da correção de uma injustiça, ou o início de uma reparação política, ética e epistemológica, no contexto não apenas da reforma psiquiátrica brasileira, mas também de outras experiências internacionais no campo da psiquiatria e afins. Isso porque François Tosquelles, personagem central deste livro, foi, sem dúvida alguma, um dos protagonistas de um processo de transformação inovador e radical no campo da psiquiatria e, embora tenha se tornado referência e fonte de inspiração em muitos outros processos, não teve o reconhecimento que merece.

A experiência que viria a ser internacionalmente conhecida e reverenciada como *psicoterapia institucional* nasceu e foi batizada por seu mentor como *coletivo terapêutico*, denominação similar à *comunidade terapêutica* de Maxwell Jones. Os elementos comuns a ambas, que vão além da simples denominação, forneceram algumas das bases para o processo de reforma psiquiátrica no Brasil. E não é demais ressaltar que as atuais "comunidades terapêuticas" religiosas que encontramos hoje no país, em grande parte de cunho manicomial, fundamentalista, conservador e repressor, em suma, antidemocráticas e antilibertárias, com uso problemático de substâncias, não têm nenhuma similaridade com essas a que nos referimos aqui. Pelo contrário, podem ser consideradas opostas e revelam uma fraude ideológica, ética e política flagrante!

Este livro nos possibilita conhecer em detalhes o pensamento, o trabalho e a ação política de François Tosquelles, médico catalão que se refugiou no sul da França em decorrência da Guerra Civil Espanhola e acabou produzindo uma rica transformação das instituições psiquiátricas manicomiais e construindo uma nova visão sobre a loucura e o sofrimento humano. Um dos méritos que devemos reconhecer a Tosquelles foi promover o protagonismo dos internos no enfrentamento e na gestão de suas próprias condições, envolvendo-os tanto nas questões político-institucionais quanto nas questões clínicas de seu tratamento.

Admirador do psiquiatra alemão Hermann Simon, Tosquelles considerava necessário cuidar não apenas dos pacientes, mas também da instituição. Esse princípio se tornaria referência central de sua experiência e teria motivado o psiquiatra Georges Daumezon e o interno Philippe Koechlin a propor, em artigo publicado em 1952 em uma revista portuguesa, a noção de *psicoterapia institucional*, denominação que consagraria historicamente os ideais de Tosquelles.

Na prática, além da utilização da psicanálise para pensar sobre os mecanismos e os conflitos institucionais que se manifestam em práticas perversas, impessoais, burocráticas e estereotipadas, ou para propriamente (re)inventá-la e ressignificá-la, o ponto estratégico seria a possibilidade de reforçar o protagonismo dos sujeitos envolvidos na instituição. Não apenas tratar os sujeitos como pacientes, como objetos da ação psiquiátrica, mas tratá-los também como protagonistas, como sujeitos de direito de sua própria história.

A formação crítica e a prática de inspiração marxista de Tosquelles ajuda-nos a compreender suas atitudes revolucionárias. Militante da União Socialista da Catalunha, do Bloco Operário e Camponês e do Partido Operário de Unificação Marxista (POUM), além de tantas outras ações e envolvimentos políticos, Tosquelles transportou para sua prática na instituição psiquiátrica os princípios libertários e democráticos pelos quais combatia no campo da luta política em geral.

No hospital de Saint-Alban, Tosquelles iniciou um trabalho de resgate do potencial terapêutico que acreditava estar na base dos primeiros hospitais psiquiátricos, tais como propostos por Philippe Pinel e Jean-Étienne Esquirol, enquanto lugares de *tratamento e cura*. Esses hospitais teriam sido desviados de seus objetivos pela precariedade, especialmente em tempos de guerra e domínio capitalista, e pela falta de novas propostas terapêuticas.

A "terapêutica ativa" de Hermann Simon, aliada à psicanálise, viria a apontar o percurso por onde seguir a partir da análise da própria instituição e do envolvimento real dos internos enquanto sujeitos. Simon esteve na base tanto da psicoterapia institucional como da comunidade terapêutica, que são mais ou menos contemporâneas. No Brasil, ele influenciou o pensamento e o trabalho de Nise da Silveira, desde a fundação, em 1946, do Serviço de Terapia Ocupacional e Reabilitação (STOR), no Centro Psiquiátrico Pedro II – que pouco depois viria a se tornar o Museu de Imagens do Inconsciente. Tosquelles adotou com garra o princípio da terapêutica ativa de Simon, que lhe serviu como uma espécie de passaporte para que sua experiência ganhasse reconhecimento internacional. O trabalho de Tosquelles mostrou que era possível uma transformação profunda do campo psiquiátrico a partir da ressignificação das relações entre as pessoas, independentemente de sua inserção na instituição, e da própria instituição, entendida como um conjunto de práticas, saberes, concepções e dispositivos que produzem e reproduzem formas de ver e agir.

Os resultados positivos e alentadores da experiência da psicoterapia institucional permitiram a antecipação de um debate bastante crucial, que se mantém vivo e talvez esteja mais fortalecido do que nunca, dado o crescimento assombroso da indústria farmacêutica e sua ascendência, ou mesmo dominação, sobre as instituições psiquiátricas de formação, pesquisa, produção de conhecimento e práticas assistenciais.

Um dos mitos inventados pela aliança entre a *big pharma* e a psiquiatria é que as políticas de reabilitação, ressocialização, desospitalização etc. só foram possíveis graças ao advento dos neurolépticos. Como se sabe, o primeiro neuroléptico utilizado foi a clorpromazina, "descoberta" em 1952. Mais recentemente, a psiquiatria abandonou o termo "neuroléptico" (que significa, *grosso modo*, "aquilo que controla os nervos" e denuncia uma suposta relação etiológica das doenças mentais como doenças dos nervos) e passou a utilizar, como estratégia de marketing, o termo antipsicótico (em analogia com os antibióticos, os anti-inflamatórios etc., que possuem atuação efetiva na causa ou origem da doença).

O resultado positivo do trabalho de Tosquelles em Saint--Alban vem desmontar o mito propalado pela psiquiatria convencional de que os processos de reforma psiquiátrica só teriam sido possíveis por força dos psicofármacos. Não custa lembrar que a psicoterapia institucional nasceu na década de 1940 (assim como a comunidade terapêutica), anos antes da introdução do primeiro neuroléptico na psiquiatria, e que a mera descoberta do medicamento não significou produção industrial imediata e utilização em massa, ainda mais em uma época em que existiam poucas farmácias e parcela significativa delas era de manipulação.

Mas por que minha insistência nesse debate? Porque os bons resultados obtidos em Saint-Alban, a partir do envolvimento dos internos nos assuntos da instituição, da criação de espaços de participação, da construção coletiva de iniciativas (como o clube criado por Paul Balvet) etc., provaram que o fundamental não seria a medicação, não seria o combate ao sintoma como algo indesejável a ser extirpado – e foram muitas as tentativas bárbaras de extirpação dos sintomas pela psiquiatria, como a lobotomia, a malarioterapia, os choques insulínicos, a eletroconvulsoterapia... O fundamental é a reconstrução dos processos de vida, das relações sociais, das práticas de cooperação, ajuda mútua, reconhecimento, solidariedade, pertencimento etc.

Devemos a Tosquelles muitas das práticas e propostas que saíram da experiência da psicoterapia institucional e contribuíram para a "psiquiatria de setor", desdobramento crítico da psicoterapia institucional que foi conduzido inicialmente por Lucien Bonnafé, um dos médicos de Saint-Alban, e viria a se tornar a base da política nacional de saúde mental na França. Da psicoterapia institucional vieram muitas das propostas de transformação das práticas de cuidado, escuta, protagonismo e participação social que se tornariam referência para as experiências italiana, espanhola e brasileira e abririam muitas outras possibilidades em vários lugares do mundo.

Por sua *démarche* política, ética e filosófica, Tosquelles atraiu muitos militantes de várias áreas, de vários campos de luta política, artística e científica. Por Saint-Alban passaram Salvador Dalí, Georges Canguilhem, Paul Éluard, Jacques Lacan, Lucien Bonnafé, Jean Oury, Frantz Fanon, Félix Guattari e muitos outros que ajudaram a mudar o mundo.

No mais, deixo leitoras e leitores com o belíssimo e contundente texto de *Uma política da loucura* para que possam desfrutar do próprio François Tosquelles, bem como dos comentários e notas de Anderson Santos.

Desejo-lhes boa leitura, bom proveito e boa utilização nos processos de transformação do campo da saúde mental, reforma psiquiátrica e luta antimanicomial.

PAULO AMARANTE é médico psiquiatra, mestre em Medicina Social, doutor em Saúde Pública, pós-doutor em Saúde Mental, professor e pesquisador sênior do Laboratório de Estudos e Pesquisas em Saúde Mental e Atenção Psicossocial (LAPS/ENSP/Fiocruz) e do Centro de Estudos Estratégicos (CEE/Fiocruz). É presidente de honra da Associação Brasileira de Saúde Mental (ABRASME).

CAMINHAR COM FRANÇOIS TOSQUELLES

Anderson Santos

Por que Tosquelles? Na década de 1930, François Tosquelles defendia que os hospitais psiquiátricos deveriam abrir suas portas, estabelecer relações com o território e funcionar apenas como um lugar de passagem. É de suma importância tornar pública a sua história e apresentar a relevância do trabalho e da trajetória desse psiquiatra catalão revolucionário no campo da saúde mental, grande exemplo nas lutas e ações antifascistas. Para ele, quando a loucura desaparece, o humano também desaparece.

    Este é o primeiro livro publicado em português desse escritor que, além de psiquiatra, foi praticante da psicanálise e utilizou o marxismo em seu exercício clínico-institucional para estabelecer conexões com a política, a cultura e o social, sendo uma das maiores referências da psicoterapia institucional. Também considerava o teatro, o cinema, a arte e a escrita ferramentas fundamentais para o trabalho na instituição. Ao longo de sua jornada, contou com aliados como Félix Guattari, Frantz Fanon, Ginette Michaud, Hélène Chaigneau, Horace Torrubia, Jean Oury, Lucien Bonnafé, Roger Gentis, Yves Racine, filósofos, surrealistas, militantes comunistas, anarquistas, entre outros.

    Uma política da loucura reúne textos, entrevistas, transcrições e contribuições para a reforma psiquiátrica na França e na Espanha, assim como os movimentos que Tosquelles realizou em meio à Guerra Civil Espanhola e à Segunda Guerra Mundial. De acordo com Tosquelles, o que importa não é a cabeça, ou seja, o racional, o *logos*, mas os pés, pois são eles que nos movimentam para algum lugar. É preciso algo para que o corpo tenha uma base, um tônus, e possa se desterritorializar. Com Tosquelles, refletimos acerca de uma ferramenta que pode contribuir para a construção coletiva de um outro mundo possível, ou seja, por uma sociedade sem manicômios!

FRANCESC, FRANÇOIS, TOSQUELLES, TOSQUELLAS

Francesc Tosquelles i Llauradó nasceu em 22 de agosto de 1912 em Reus, na região da Catalunha. Durante sua trajetória de vida, exilou-se na França ao fim da Guerra Civil Espanhola e naturalizou-se francês, adotando o nome François Tosquelles. Viveu lá até seu falecimento, em 25 de setembro de 1994 em Granges-sur-Lot.

De acordo com seu filho, Jacques Tosquellas, o verdadeiro sobrenome de seu pai, em catalão, é Tosquel*les* e não Tosquel*las*, porém a invasão espanhola levou a uma espanholização dos nomes e aqueles terminados em "lles" foram alterados para "llas". Em meio à violência do colonizador, os catalães tentaram salvar algo de sua língua, cultura e história. Tosquelles e seu pai solicitaram permissão para retomar a escrita catalã de seu sobrenome, porém a solicitação foi recusada. Assim, quando chegou à França, em 1939, exilado e lutando contra a depressão após a derrota na guerra, a perda de seu país e a distância de sua esposa, Hélène Tosquelles,[1] e de sua filha Marie-Rose, ele se declarou Tosquel*les*, deixou de usar gravatas e passou a usar uma fita preta em torno do pescoço. Assim ficou conhecido, sem que questionassem seu sobrenome.[2]

---

[1] Em 1935, Tosquelles conheceu em um bonde Hélène Alvarez, que em breve viria a se tornar Hélène Tosquelles. Juntos, tiveram quatro filhos: Marie-Rose (1936), que nasceu na Catalunha, Germaine Montserrat (1942), Jacques (1944) e Michel (1948), que nasceram na França. Somente no fim de 1940, Hélène e sua filha chegaram a Saint-Alban.

[2] Informações dadas por Jacques Tosquellas em julho de 2023, durante conversa com o organizador deste livro.

Jacques Tosquellas conta que, apesar disso, a grafia espanhola foi mantida nos documentos de identidade e, quando adulto, ele acabou assumindo o sobrenome Tosquellas. Quando seus pais chegaram à França, decidiram não falar mais espanhol nem catalão, pois consideravam que o trilinguismo não era bom para as crianças.

OS PRIMEIROS PASSOS

François Tosquelles teve formação e trajetória transdisciplinares antes de chegar ao hospital de Saint-Alban, onde trabalhou até 1962.

Foi aos sete anos de idade que Tosquelles teve o primeiro contato com a psiquiatria, quando visitou o Instituto Pere Mata, em Reus, na Espanha, acompanhando seu pai e seu tio e padrinho, o médico F. Llauradó, para assistir a um jogo de futebol. Surpreendeu-o o fato de serem dois times de loucos e um juiz psiquiatra. Diz que ali começou a entender a lei do movimento dos loucos e dos outros. As regras eram diferentes! No entanto, de acordo com ele, o doutor José Briansó e seu tio, ambos médicos do instituto, foram responsáveis por despertar seu interesse pelo campo da saúde mental. Foi lá naquela partida de futebol que ele teve a oportunidade de conhecer o diretor do instituto, o psiquiatra Emilio Mira y López (1896-1964),[3] que mais tarde se tornou seu professor e o iniciou numa prática revolucionária na psiquiatria.

---

[3] Emilio Mira y López (Santiago de Cuba, 1898 – Petrópolis, 1964), foi um renomado psiquiatra, psicólogo e sociólogo. Atuou como diretor do Instituto Pere Mata, foi militante da União Socialista da Catalunha e ocupou o cargo de chefe dos serviços psiquiátricos do exército republicano durante a Guerra Civil Espanhola, em 1938. Após a derrota, Mira exilou-se na França. No tumultuado contexto da Segunda Guerra Mundial, Mira passou por vários países da América Latina e pelos Estados Unidos, finalmente estabelecendo-se no Brasil, onde ministrou cursos na Universidade de São Paulo em 1945 e em outras instituições. Mira desempenhou um papel fundamental

PASSEIOS ENTRE PSIQUIATRIA E PSICANÁLISE

Em 1927, aos dezesseis anos, Tosquelles ingressou na Faculdade de Medicina de Barcelona e frequentou os centros culturais Ateneu Barcelonès e Ateneu Enciclopedic Popular. Aos dezessete anos, durante suas férias de verão, trabalhou no Instituto Pere Mata como "enfermeiro". Ele afirma que a proximidade com os pacientes "foi uma experiência decisiva e que talvez falte a muitos psiquiatras".[4] Em 1929 participou do congresso de "alienistas" franceses que ocorreu em Barcelona e Reus e lá iniciou algumas das amizades que viriam a fazer parte de seu futuro.

Em 1930, foi fundado o Bloco Operário e Camponês (BOC), uma organização comunista de ideologia marxista da qual Tosquelles foi militante. Na faculdade, lutou contra a ditadura de Primo de Rivera (1923-1936) e a opressão dos castelhanos contra a Catalunha; em seguida, envolveu-se com o Partido Operário de Unificação Marxista (POUM).

No âmbito de sua prática clínica, já no período anterior a 1931, Tosquelles conheceu e experimentou a teoria psicanalítica e práticas de grupo. Também conheceu seu psicanalista, Sándor Eiminder, um húngaro que fora aluno de Sándor Ferenczi, um dos discípulos mais próximos de Freud. Eiminder fez parte do círculo vienense do pedagogo radical August Aichhorn e deixou seu país de origem para trabalhar na Alemanha e na Áustria, antes de se refugiar na Espanha para escapar do antissemitismo. Conheceu Mira em Barcelona e começou a trabalhar como psiquiatra no Instituto Pere Mata. Foi militante político e, durante a Guerra Civil, trabalhou como psiquiatra no exército republicano, colaborando com

---

na luta pela regulamentação da psicologia como profissão e pela formação acadêmica regular dos profissionais dessa ciência no Brasil.
4 F. Tosquelles, "La Destruction de l'asile d'aliénés (1972)". Texto inédito cedido por Jacques Tosquellas ao organizador deste livro.

Tosquelles em Barcelona e Reus. Vale salientar que Eiminder foi responsável por introduzir as ideias psicanalíticas de Sándor Ferenczi e Michael Balint (1893-1970) no círculo dos psiquiatras catalães. Neste livro, por meio das palavras de Tosquelles, é possível perceber os efeitos da análise e da presença do analista em sua vida.

Em 1933, aos 21 anos, Tosquelles concluiu sua formação em medicina e foi aprovado em um concurso público para trabalhar no Instituto Pere Mata. Durante esse período, desempenhou não apenas a função de médico, mas também de psicanalista. Para Tosquelles, a psicanálise e o uso localizado de medicamentos na psiquiatria eram ferramentas que poderiam contribuir para o tratamento dos pacientes, sem ele ter de se identificar como psicanalista ou farmacêutico. Além de sua análise pessoal com Eiminder e de seus estudos em psicanálise com Mira, em 1935 publicou artigos de psicanálise na revista *Fulls Clínics*, cuja linha de interesse era psicanálise, personalidade, câncer e outros.

Desde a sua formação, não acreditava ser possível estar na psicanálise e na medicina sem contato com outras perspectivas teórico-práticas. Para ele, exercer a função de analista significava ser heterodoxo, pois lidar com o heterogêneo é parte da prática. Além disso, acreditava na importância de a psiquiatria estar presente em diferentes instituições, até mesmo nas feiras públicas, não para diagnosticar as pessoas, mas para conhecer o ambiente em que elas vivem, assim como os medos que enfrentam no território em que vivem.

Em julho de 1947, Tosquelles conheceu Jean Oury numa conferência de Jacques Lacan e, dois meses depois, Oury estava em Saint-Alban para realizar uma residência que durou até 1949. Oury carregava consigo um projeto de juventude: constituir grupos libertários. Assim, em 1953, fundou a clínica La Borde, que funciona até hoje. De acordo com Oury, Tosquelles foi uma de suas referências para enveredar na psiquiatria e na psicanálise lacaniana, pois cabia a ele distribuir os textos aos internos e, após um mês de leitura, discutir coletivamente com eles as teses de Lacan.[5]

Félix Guattari foi um dos principais colaboradores da clínica La Borde. Em 1956, em plena Guerra da Argélia, transferiu-se para o hospital de Saint-Alban para evitar ser convocado. Na visão de Guattari, Tosquelles sempre foi um militante político, não por ter ideias políticas, mas sim por seu posicionamento em qualquer situação.[6]

Oury, Guattari e Tosquelles frequentaram juntos alguns seminários[7] de Lacan. Apesar de apreciar a luta de Lacan contra a onipotência do "eu" e seus quatro conceitos fundamentais da psicanálise, Tosquelles não tinha interesse em fazer parte de sua escola, pois duvidava de muitos aspectos enfatizados em seu ensino. Contra a ideia de escola, Tosquelles respeitava os mestres. Sem se considerar freudiano, reconhecia a obra de Freud, mas com reservas: considerava-se "um crítico do marxismo e um crítico de Freud".[8] Para ele, os pacientes eram os verdadeiros mestres de sua trajetória, pois foram eles que realmente lhe ensinaram a prática da psiquiatria e da psicanálise. Considerava que sua função, enquanto analista, era construir pontes. Se os pacientes dizem o que lhes vem à mente, é preciso estabelecer uma linha e oferecer-lhes uma ponte, visto que uma de suas características é estar à margem, deslocados das pontes.

---

5 Jean Oury e Marie Depussé, *À quelle heure passe le train... Conversations sur la folie*. Paris: Calmann-Lévy, 2003, p. 243.

6 Ver *O divã de Félix Guattari*, filme de François Pain [1986]. Entrevista de Danielle Sivadon com Félix Guattari realizada em maio de 1986.

7 Encontram-se disponíveis, na transcrição da Staferla, intervenções de Tosquelles, Oury e Guattari em *Séminaire 15: L'acte* (1967-1968), realizado no dia 31 de janeiro de 1968.

8 F. Tosquelles, "Entrevista al Dr. Francisco Tosquelles por T. Angosto", op. cit.

De acordo com Oury, Tosquelles já falava do heterogêneo, do policêntrico e, ao mesmo tempo, do transdisciplinar.[9] Dizia que "o corpo é uma biblioteca onde colocamos as palavras uns dos outros. As coisas são colocadas lá e começam a falar entre si".[10] Além disso, acreditava na importância da dupla escuta, pois a língua é também um som e há uma dupla determinação em relação ao que é dito. Enfatizava que os sons e o modo como eles ressoam nas pessoas é o que seria lembrado. Em sua prática analítica na instituição jamais sugeria apenas uma possibilidade a um paciente, eram ao menos duas, e esse era seu modo de construir interpretações na análise.

ENTREGUERRAS: A LUTA ANTIFASCISTA

Em julho de 1936, Tosquelles partiu com o POUM para o *front* de Aragón, onde se ocupou dos combatentes que estavam nas trincheiras. Tornou-se médico-chefe e participou da evacuação do hospital psiquiátrico de Huesca, após dois incêndios, e da coordenação do hospital de Serinyà. Nesse período, colaborou estreitamente com trabalhadores da saúde ligados a várias organizações políticas.

Através dos psicanalistas da Europa Central exilados em Barcelona, Tosquelles tornou-se responsável por avaliar a experiência daqueles que trabalhavam em ambientes hospitalares e clínicas militares, possivelmente pela primeira vez. Sua referência era o discurso de Freud no congresso de Budapeste de 1918. "Tentei concretizar suas profecias daquela época", declara, apostando em uma psicanálise nas

---

9 J. Oury, "Entrevista com François Dosse", in François Dosse, *Gilles Deleuze e Félix Guattari: biografia cruzada*, trad. Fatima Murad. Porto Alegre: Artmed, 2010, p. 47.

10 F. Tosquelles, "Algunes conferències inèdites del doctor Francesc Tosquelles i Llauradó (1912-1994)", in Josep M. Sánchez Ripollès (org.), *Escrits periodístics del doctor Leandre Cervera (1891-1964)*. Reus: Universitat Rovira i Virgili, Unitat d'Història de la Medicina, 2000, pp. 32-34.

instituições públicas. O hospital central de Almodóvar del Campo foi estruturado de acordo com suas ideias. Ali, conseguiu organizar a psiquiatria em setores (comarcas) e tratar os pacientes que estavam nos arredores. Ao mesmo tempo que atendia os soldados, atendia a população e os médicos. A partir dessa experiência, estabeleceu uma prova prática de fornecimento rápido de serviços psiquiátricos humanizados e eficazes não apenas para os neuróticos de guerra, mas também para os psicóticos, que foram recebidos com a população civil da região.

Em suas equipes, tanto em Almodóvar quanto mais tarde em Septfonds, Tosquelles valorizava a participação de pessoas comuns na criação de serviços psiquiátricos de qualidade, como camponeses, padres, prostitutas, pintores e advogados, pois os médicos especialistas eram um obstáculo a qualquer projeto revolucionário: por um lado, exerciam poder sobre os pacientes, tratando-os como objetos e não como pessoas, e, por outro, possuíam uma visão pequeno-burguesa do mundo. Portanto, no decorrer da guerra, ele selecionou os membros de sua equipe com base em sua capacidade de se relacionar com as pessoas sem a arrogância e os preconceitos daqueles que se sentiam superiores, pois "gasta-se muito tempo transformando uma pessoa em alguém que saiba estar com os outros".[11] Os médicos foram escolhidos entre aqueles que queriam trabalhar com perspectivas teóricas afins e com os quais ele tinha relação de amizade, mas, sobretudo, entre aqueles que não cheiravam à tradição manicomial.

Essa abordagem colaborativa refletia sua visão de que o trabalho no campo da saúde deveria ser baseado na participação ativa da comunidade e na promoção da solidariedade. Dessa maneira, em Aragón, Tosquelles construiu uma prática psiquiátrica pela via comunitária, defendendo uma abordagem que considerava a saúde mental parte da luta política

---

[11] Ibid., p. 99.

e social. Essa experiência marcou significativamente seus trabalhos posteriores e produziu formas inovadoras de terapia comunitária que engajavam ativamente a comunidade/instituição no processo de "cura".

Após a derrota dos republicanos na Espanha, Tosquelles e milhares de pessoas cruzaram os Pirineus para se refugiar na França. Duas obras o acompanharam nessa travessia: *Da psicose paranoica em suas relações com a personalidade* (1932), de Lacan, e *Pour une thérapeutique plus active à l'hôpital psychiatrique* (1929), de Hermann Simon, em que o autor defende que é preciso cuidar da instituição tanto quanto dos pacientes, e que esse trabalho é uma criação comunitária, ideal que posteriormente se tornaria uma das peças fundamentais da psicoterapia institucional. Tosquelles utilizava essas duas obras na formação dos novos profissionais desde a sua atuação no Instituto Pere Mata.

Tosquelles passou oito dias escondido nas montanhas, "em uma casa de reclusão mantida por várias mulheres chamada Hospice de France".[12] No início da Segunda Guerra Mundial, ele foi para a cidade de Bagnères-de-Luchon, onde conheceu um membro do Deuxième Bureau[13] a quem manifestou o desejo de se alistar no exército. Essa pessoa lhe deu autorização para ficar em Toulouse e lhe passou uma informação falsa: que existia um campo de refugiados em Septfonds onde havia somente intelectuais. Quando Tosquelles chegou ao campo com seu amigo psiquiatra Jaume Sauret,[14]

---

12 Ibid., p. 91.

13 O Deuxième Bureau de l'État Major Général é um serviço de inteligência militar francês, criado em 1871. Em 1946, foi substituído pelo Service de Documentation Extérieure et de Contre-Espionnage.

14 Em conversa com Jacques Tosquellas, fui informado de que Tosquelles atravessou as montanhas com o amigo psiquiatra Jaume Sauret, com quem trabalhou em Almodóvar del Campo. Sauret também era de Reus e militava no POUM. Posteriormente foi viver na Venezuela e, quando retornou a Barcelona, veio a falecer em pouco tempo.

notou que, "visto de fora, o campo parecia um hospital psiquiátrico [...] era o próprio pátio de um hospital psiquiátrico mal organizado".[15] Ao conversar com o comandante Vigouroux, soube que havia muitos suicídios no campo e que, quando os soldados eram transferidos para o hospital psiquiátrico de Cahors, era o fim. "E foi assim que surgiu a ideia de tentar fazer alguma coisa em Septfonds".[16] Foi ali, em uma barraca localizada no fundo do campo, que ele montou um serviço de psiquiatria improvisado, definindo-o apenas como "um lugar de passagem", no qual as pessoas podiam entrar por uma porta e sair por outra.

O percurso de Tosquelles mostra que, ao mesmo tempo que a guerra revelou um desejo fascista de destruir os outros, ela fez emergir um desejo revolucionário de compor com as diferenças, de construir de novas maneiras, coletivamente, um outro mundo possível.

HOSPITAL DE SAINT-ALBAN: UMA EXPERIÊNCIA COLETIVA

No coração do Maciço da Margeride, encontra-se o castelo medieval de Saint-Alban, construído no século XII. De acordo com Michel Foucault, "em 1348, o grande leprosário de Saint-Alban contém apenas três doentes".[17] Tornou-se um manicômio em 1821, com a chegada de Joseph-Xavier Tissot, conhecido como irmão Hilarion, que contou com a ajuda das freiras de Marselha para realizar seu projeto. Entretanto, em razão da má administração, o manicômio arruinou-se e foi comprado pelo departamento da Lozère, que instalou ali o

---

15 F. Tosquelles, apud G. Gallio e M. Constantino, "François Tosquelles: a escola de liberdade", op. cit., p. 92.
16 Ibid., p. 92.
17 Michel Foucault, *História da loucura na idade clássica* [1961], trad. José Teixeira Coelho Netto. São Paulo: Perspectiva, 1972, p. 9.

asilo regional. Até a década de 1930 estava em ruínas, e tanto pacientes como funcionários viviam em condições precárias. Em 1933, a situação começou a melhorar com a chegada da doutora Agnès Masson à direção, marcando um ponto de virada na história de Saint-Alban.[18]

De acordo com Tosquelles, é possível que seu pai tenha se correspondido com o psiquiatra e professor Maurice Frédéric Dide (1873-1945) enquanto estava em Septfonds. Tosquelles o conhecera em Reus, em 1929, durante o congresso de "alienistas" franceses. Dide teria informado ao psiquiatra catalão Angels Vives que Tosquelles estava em Septfonds. Após ser repatriado pelo Estado francês, Vives foi viver na cidade natal de sua esposa, Le Puy, próxima de Saint-Alban. Foi lá que ele se encontrou com o psiquiatra André Chaurand, que trabalhava no hospital do Puy, e lhe informou sobre a presença de um psiquiatra "vermelho" em Septfonds.

Chaurand[19] tinha uma relação próxima com Paul Balvet, diretor de Saint-Alban naquela época. Foi por meio dessa amizade que ele obteve mais informações sobre Tosquelles. Assim, Balvet, ao perceber a necessidade de médicos na região, informou o departamento da Lozère sobre a possibilidade de recrutar um médico estrangeiro. Tosquelles recebeu um telegrama do departamento solicitando que ele fosse a Saint-Alban, além de outro telegrama do diretor Balvet. Essa sequência de eventos levou Tosquelles a Saint-Alban. Apesar de não ter encontrado o local no mapa, Tosquelles aceitou

---

[18] Informações coletadas em: "Château de Saint-Alban-sur-Limagnole", Office de Tourisme Margeride en Gévaudan, ; e "L'esprit de Saint-Alban", *Radio France*, 9/1/2023, série Une Autre Histoire de la Folie à Saint-Alban--sur-Limagnole.

[19] Mais tarde Chaurand seria expulso pelas freiras do hospital do Puy – que era de propriedade privada, embora funcionasse como um serviço público (como acontece em alguns hospitais psiquiátricos na França) – e iria trabalhar em Saint-Alban, onde se tornaria amigo de Tosquelles. Informações dadas por Jacques Tosquelles ao organizador deste livro.

o convite, afirmando que o desconhecido era algo que lhe interessava.[20] Assim, em 6 de janeiro de 1940, Tosquelles começou a trabalhar em Saint-Alban. Inicialmente foi contratado como enfermeiro, mas atuou como médico de maneira informal, visto que eram exigidas uma nova graduação em medicina e a naturalização francesa.

Tosquelles marcará profundamente a história de Saint-Alban ao lançar as bases de uma psiquiatria atravessada pela psicoterapia institucional. Naquele momento, a instituição acolhia cerca de seiscentos pacientes e abriu suas portas para a comunidade, promovendo festas e interações entre pacientes e camponeses. Tosquelles valorizava a autonomia da instituição e buscava experimentar novas práticas.

Em 1942, Balvet criou um clube em Saint-Alban, proporcionando debates e atividades culturais. Em 1943, a saída de Balvet e a chegada de Lucien Bonnafé (1912-2003), psiquiatra francês, comunista, combatente da resistência e autodenominado "fora da lei", marca uma mudança significativa na instituição.[21] Juntos, Tosquelles e Bonnafé acolheram refugiados políticos e cidadãos franceses que tentavam escapar da ocupação alemã, como os "Francs-Tireurs et Partisans", uma organização da resistência armada criada por líderes do Partido Comunista Francês que sabotava operações nazistas na região. Os pacientes, além de saírem do hospital para se relacionar com a população do entorno, ajudaram os refugiados.

Figuras importantes como George Canguilhem, Paul Éluard e Nusch Éluard foram para a instituição com suas famílias. Segundo Tosquelles, o surrealismo desempenhou um papel importante em sua formação e na história da

---

20 F. Tosquelles, apud G. Gallio e M. Constantino, "François Tosquelles: a escola de liberdade", op. cit., p. 91.
21 Sally Davies, "Asylum". *Aeon*, 24/9/2021.

instituição. Canguilhem escreveu os capítulos finais de seu livro *O normal e o patológico* em Saint-Alban.[22]

Com a chegada dos artistas surrealistas houve uma grande transformação nas práticas do trabalho institucional em saúde mental em Saint-Alban. Segundo Tosquelles, foi graças a Bonnafé que isso aconteceu, pois ele tinha a força da crítica surrealista e a amizade de Éluard. Bonnafé era comunista e, "naqueles anos, as forças do Partido Comunista estavam do lado da vida: um único corpo natural, autêntico, dos franceses antifascistas, uma única força coletiva organizada".[23] Portanto, com os surrealistas e os militantes, muitos outros caminhos foram abertos. Vale salientar que, geograficamente, Saint-Alban era um lugar central. Os surrealistas investigaram a relação entre arte, loucura, sexualidade e psicanálise e puderam enxergar na loucura uma inventividade que a atravessava. Sendo assim, saiu dali um movimento experimental mostrando que a arte é uma importante ferramenta para romper a rigidez das instituições que trabalham no campo da saúde mental, assim como a produção de novas concepções e críticas sociais acerca de arte e loucura.

Na primavera de 1952, Frantz Fanon chegou a Saint-Alban para participar do programa de residência em psiquiatria sob a supervisão de Tosquelles por um período de dois anos. Para ele, Fanon desempenhou um papel importante na vida prática da instituição, com uma influência menor em suas elaborações teóricas. Mais tarde, contudo, ele diria que "o destaque que Fanon daria aos camponeses como motor da mudança política, durante sua estadia na Argélia e sua participação na Frente de Libertação Nacional (FLN), era também um eco de sua experiência tanto na Martinica quanto no Hospital de Saint-Alban".[24]

---

[22] F. Tosquelles, apud G. Gallio e M. Constantino, "François Tosquelles: a escola de liberdade", op. cit., p. 105.
[23] Ibid.
[24] F. Tosquelles, "Entrevista al Dr. Francisco Tosquelles por T. Angosto", op. cit., p. 46.

Pacientes e militantes, cada qual com sua força, unidos, resistindo ao fascismo. Segundo Tosquelles todos eram refugiados, logo não havia fronteiras entre eles, pois estavam na mesma situação de "asilo" político. Daí seu apreço pela palavra "asilo" em detrimento de "hospital psiquiátrico": por mais que ambas tivessem problemas, a palavra "asilo" tinha o sentido de um lugar onde se refugiar.

Para Tosquelles, se Saint-Alban foi uma instituição que pôde fazer alguma diferença, isso aconteceu pela multiplicidade de pessoas e coletividades que por lá passaram e construíram zonas de liberdade, desde camponeses até artistas e pesquisadores – refugiados ou não. E, para salvaguardar esse espaço, era preciso aceitar que na cooperativa se jogasse um jogo diferente.

Certa vez, houve discussão entre o psiquiatra Paul Sivadon e Tosquelles no hospital de Maison Blanche: o primeiro queria admitir no serviço apenas pacientes de uma mesma estrutura psíquica, enquanto o segundo considerava perigoso manter num mesmo espaço pessoas "iguais", defendendo que somente a diferença faria diferença. Tosquelles afirmava que algo da ordem da cura só pode acontecer pela diferença na maneira de ler o mundo. Uma diferença que não bloqueia os fluxos da vida, os processos desejantes. Portanto, o processo de cura acontece por meio das diferenças, em diversos sentidos.

A prática antifascista de Tosquelles e a crítica surrealista entendem o paciente não como objeto passivo, mas como agente de seu próprio destino. Portanto, a revolução nas instituições psiquiátricas só pode acontecer com a participação do paciente.[25]

---

25 Ibid., p. 123.

TOSQUELLES COM (E CONTRA) A ANTIPSIQUIATRA?

Tosquelles via a instituição psiquiátrica como um lugar de passagem e defendia que ela fosse uma escola de liberdade. Essa foi uma das lições que aprendeu com os pacientes e argumenta que essa perspectiva o distinguia do psiquiatra italiano Franco Basaglia, seu contemporâneo, que defendia o "fechamento do barracão", considerando que os hospitais psiquiátricos eram escolas de alienação administrativa.[26]

Tosquelles considera que o tratamento só é eficaz quando o estatuto médico-paciente é rompido: quando se retira tal estatuto social, o paciente consegue se consultar com uma pessoa, independentemente de sua ocupação profissional, e, assim, a instituição pode passar a ter um melhor funcionamento. Para ele, é preciso "jogar com plena liberdade". Nesse sentido, a situação italiana se mostrava mais favorável, dada a descentralização de seu sistema de saúde, em contraste com a França, em que tudo se centralizava em Paris. Em uma entrevista com o psiquiatra catalão, Giovanna Gallio menciona que o filme *I giardini di Abele* [Os jardins de Abel], de Sergio Zavoli (1969), retoma algumas imagens do hospital de Gorizia em 1967, no qual Basaglia trabalhou por cerca de dez anos. Nesse hospital, Basaglia possibilitou o surgimento de uma situação próxima da ideia de Tosquelles acerca de uma *escola de liberdade*.[27] Em Trieste, o espaço protegido do hospital psiquiátrico foi substituído por outros espaços de relação com o paciente, alianças e encontros fora do ambiente cercado de fantasmas. Para Basaglia, a saída do hospital psiquiátrico era a "fase de anomia", uma confusão causada pela perda das fronteiras, mas um momento de ricas invenções.[28]

---

26 Ibid., p. 93.
27 Ibid., p. 94.
28 Ibid., p. 124.

Tosquelles se considerava antinosográfico e anti-internamento prolongado em hospitais psiquiátricos.[29] Argumentava que o tratamento não consistia em simplesmente internar o paciente, isso era apenas uma forma manicomial e de exclusão. Portanto, era a favor do movimento, da saída, dos encontros e da participação do indivíduo na sociedade. Sendo assim, afirmava uma antipsiquiatria, enquanto um possível deslocamento do paciente em relação a esse modelo de cerceamento psiquiátrico. No entanto, me parece que, nesse sentido, emergiu um paradoxo acerca desse termo, pois de um lado era visto como positivo e de outro negativo, devido ao reconhecimento de que os psiquiatras que estiveram em manicômios e não fizeram nada para combater as violências institucionais eram, de fato, aliados a uma antipsiquiatria, a lógica manicomial e colonial envolvida sob as égides do capitalismo. Além disso, para ele, ser antipsiquiatria era também ser dogmático e antiloucura. Tosquelles reivindicava o direito de exercer a psiquiatria e acreditava que todos tinham a capacidade de enlouquecer e manifestar sua humanidade, visto que "onde desaparece a loucura, desaparece o humano."

ÚLTIMA CAMINHADA: PÓS SAINT-ALBAN

Com a chegada de Tosquelles e outros, Saint-Alban tornou-se um centro de resistência na França, onde surrealistas, anarquistas, comunistas, pacientes, residentes, resistentes e outros grupos se uniram em uma prática coletiva e antifascista, contra a fome, o frio e o individualismo. Eles buscaram alterar radicalmente a relação entre o hospital psiquiátrico e a sociedade, permitindo que todos participassem da gestão do local. No contexto global de resistência, as estruturas da instituição abriram-se para o exterior, paredes foram derrubadas, comunidades misturaram-se, produções artísticas foram trocadas

---

29 Ibid., p. 47.

por alimentos em épocas de escassez e alguns pacientes e residentes foram trabalhar com os camponeses nas colheitas. Do alto, aviões lançavam armas para os combatentes que estavam entre os residentes de Saint-Alban. Eles reconheceram que a luta contra a hierarquia e a violência nos hospitais devia acontecer coletivamente. A solidariedade, a coletividade e o antifascismo foram valores fundamentais nessa ação.

A Sociedade do Gévaudan, criada por Tosquelles, Bonnafé e outros, chamou esse movimento de geopsiquiatria, isto é, a inserção da psiquiatria nos territórios, o que incluía buscar pacientes em suas casas, quando necessário, e fazer o acompanhamento em domicílio. Não se tratava de uma sociedade "declarada", pois funcionava de maneira clandestina, mas alguns textos foram publicados posteriormente. Essa sociedade analisou minuciosamente a situação nos hospitais, desafiando as concepções tradicionais da psiquiatria e fazendo um questionamento crítico das normas vigentes no campo da saúde mental.

Tosquelles pôde construir, de modo coletivo, uma psiquiatria nômade. Ele inventou uma rede relacional e intersubjetiva para a sobrevivência na França entre 1940 e 1944, quando mais de 40 mil pacientes foram vítimas da fome. A ação coletiva naquele hospital permitiu que muitos sobrevivessem.

Em 1962, Tosquelles se desloca de Saint-Alban para Marselha, onde começa a trabalhar no hospital de La Timone, administrado pela assistência pública. Posteriormente retorna a Lozère como diretor de um centro de acolhimento e atendimento para crianças com deficiência intelectual grave, de cuja fundação havia participado enquanto ainda estava em Saint-Alban. Na Lozère, ele desenvolveu atendimento institucional e psicoterapêutico, principalmente com base nas teorias de Melanie Klein.[30]

---

30 J. Tosquellas, "La Guerre d'Espagne vue par une personne dite de la deuxième génération", op. cit.

Em 1965 foi criada a Sociedade de Psicoterapia Institucional (SPI), visando regionalizar o Grupo de Trabalho Institucional de Psicoterapia e Socioterapia (GTPSI), cuja primeira reunião ocorreu no dia 1º de maio de 1960, em Saint-Alban. A SPI criou a revista *Pédagogie et Psychothérapie Institutionnelle*, cujos dois primeiros números foram escritos praticamente na íntegra por Tosquelles.[31]

Em 1967, Tosquelles retorna ao Instituto Pere Mata, em Reus, a pedido do diretor Ramón Vilella, que buscava uma nova orientação para a instituição. Ele se torna, em sua instituição de origem, o responsável pela formação profissional de médicos e outros cuidadores. Para ele, o conflito na vida humana é de suma importância: sem conflito, não há violência, não há resistência nem amor, e o indivíduo se torna passivo, distante dos afetos, neutralizados pela força da medicalização.[32]

Após essa experiência, nos anos 1970 ele vai para o Hospital Geral de Melun, onde enfrenta uma relação negativa de colaboração com uma administração e um corpo médico hostis à psiquiatria. Assim, transfere-se e assume a direção de um centro para adolescentes difíceis e violentos em Compiègne e encerra sua carreira pública em Agen. Mesmo aposentado, e até a sua morte, em 1994, Tosquelles manteve-se atuante na formação de cuidadores, transmitindo sua experiência em seminários vinculados sobretudo à Faculdade de Bordeaux.[33]

---

[31] Ver "Notice biographique succincte", in Patrick Faugeras (org.), *L'Ombre portée de François Tosquelles*. Toulouse: Érès, 2007, pp. 357-59.

[32] F. Tosquelles, apud G. Gallio e M. Constantino, "François Tosquelles: a escola de liberdade", op. cit., p. 116.

[33] J. Tosquellas, "La Guerre d'Espagne vue par une personne dite de la deuxième génération", op. cit.

Jacques Tosquellas, filho de François Tosquelles, é um dos responsáveis pela qualidade dos detalhes e informações deste livro, assim como por alguns dos textos que selecionei e traduzi para que figurassem aqui. Agradeço-lhe imensamente a autorização para publicação e o diálogo vivo acerca da história da trajetória de seu pai, da psicoterapia institucional e da luta antifascista na França e Espanha.

ANDERSON SANTOS é psicanalista, graduado em psicologia, especialista em "Saúde Mental, Imigração e Interculturalidade" pela Universidade Federal de São Paulo (UNIFESP) e membro do coletivo Psicanálise na Praça Roosevelt. Além do presente livro, foi organizador da obra *Psicanálise e Esquizoanálise: diferença e composição* (2022, n-1 edições) e *Guattari/Kogawa. Rádio livres. Autonomia. Japão* (2020, sobinfluencia edições).

REFERÊNCIAS BIBLIOGRÁFICAS

"Biografia de Emilio Mira y López". *Psicologia: Ciência e Profissão*, v. 19, n. 1, 1999.
"Château de Saint-Alban-sur-Limagnole". Office de Tourisme Margeride en Gévaudan.
"Cinquentenário de falecimento do psicólogo Emílio Mira y López (1896-1964)". *Conselho Federal de Psicologia: Notícias*, 25 fev. 2014.
DAVIES, Sally. "Asylum". *Aeon*, 24 set. 2021.
DESVIAT, Manuel. "Francesc Tosquelles, política y psiquiatría". *Revista de la Asociación Española de Neuropsiquiatría*, v. 42, n. 141, 2022.
FOUCAULT, Michel. *História da loucura na idade clássica* [1961], trad. José Teixeira Coelho Netto. São Paulo: Perspectiva, 1972.
___. *Séminaire 15: L'acte* (1967-1968).
GALLIO, Giovanna & Maurizio Constantino. "François Tosquelles: a escola de liberdade", trad. Carla Bertuol, in Antonio Lancetti (org.). *SaúdeLoucura 4*. São Paulo: Hucitec, 1993.
GARCÍA SISO, Andrés. "El Dr. Francesc Tosquelles i Llauradó: posición del autor dentro de la psiquiatría catalana anterior a la Guerra Civil

y la proyección de esta posición en su obra posterior". *Revista de la Asociación Española de Neuropsiquiatría*, v. XIII, n. 46, 1993.

HERAS, Ana Inés. "Ferenczi's Theory on Power and Its Pollination to and within Latin America". *Imágó Budapest*, v. 8, n. 2, 2019, pp. 36-44.

"L'esprit de Saint-Alban". *Radio France*, 9 jan. 2023. Série "Une Autre Histoire de la Folie à Saint-Alban-sur-Limagnole".

FAUGERAS, Patrick. "Notice biographique succincte", in *L'Ombre portée de François Tosquelles*. Toulouse: Érès, 2007, pp. 357-59.

OURY, Jean. "Entrevista com François Dosse", in François Dosse, *Gilles Deleuze e Félix Guattari: biografia cruzada*, trad. Fatima Murad. Porto Alegre: Artmed, 2010.

___ & Marie Depussé. *À quelle heure passe le train… Conversations sur la folie*. Paris: Calmann-Lévy, 2003, p. 243.

ROBCIS, Camille. *Disalienation: Politics, Philosophy, and Radical Psychiatry in Postwar France*. Chicago: University of Chicago Press, 2021.

TOSQUELLAS, Jacques. "La Guerre d'Espagne vue par une personne dite de la deuxième génération". *Exils et Migrations Ibériques aux XXe et XXIe siècles*, 2018/1-2, n. 9-10, pp. 259-76.

TOSQUELLES, François. "Algunes conferències inèdites del doctor Francesc Tosquelles i Llauradó (1912-1994)", in Josep M. Sánchez Ripollès (org.). *Escrits periodístics del doctor Leandre Cervera (1891-1964)*. Reus: Universitat Rovira i Virgili, Unitat d'Història de la Medicina, 2000.

___. "Entrevista al Dr. Francisco Tosquelles por T. Angosto". *Revista de la Asociación Española de Neuropsiquiatría*, v. 3, n. 46, 1993.

___. "Et tout ça, à cause d'une partie de football!". Entrevista realizada por Bernard Favre (1983-1985). Org. Jacques Tosquellas. Texto inédito.

___. "La Destruction de l'asile d'aliénés (1972)". Texto inédito.

O SIGNIFICADO DAS CONSIGNAS DO POUM[1]

Para vencer a guerra no front, *é necessário ter uma retaguarda bem organizada.*

CAMPONESES: *Estruturemos sobre bases sólidas a revolução nos campos.*[2]

O observador de política que não conhece a luta de classes nem, mais concretamente, a marxista, ignora quase obsessivamente a grande diferença de critérios que surgem da falta de coerência das consignas centrais do POUM [Partido Operário de Unificação Marxista] com a maioria das organizações que lutam conosco na guerra antifascista.

O interesse particular de uma organização que não pertencia à nossa fez que essas diferenças ganhassem relevância extraordinária a fim de dar ao "público" a interpretação inadequada e inautêntica aos olhos da classe trabalhadora de que

---

[1] Este texto, publicado em *La Torxa*, revista do POUM, em 30 de janeiro de 1937, foi encontrado nos Arquivos de Amsterdã por Miro, cineasta de Barcelona.

Pode-se notar que, em maio desse mesmo ano, a Central Telefónica de Barcelona, que estava nas mãos dos anarquistas e dos POUMistas, foi atacada e tomada pela polícia, empurrada e acompanhada por membros do Partido Comunista Catalão Espanhol. Esse grave incidente serviu de pretexto para a proibição do POUM e para a repressão, por vezes sangrenta, contra seus líderes e militantes (incluindo o assassinato de Andreu Nin, julgamento...), proibição que ocorreu alguns meses depois. [Nota de Antoine Viader, tradutor do texto para o francês, doravante A. V.]

[2] N. T.: Publicado originalmente em: François Tosquelles, "Sentit de les consignes del POUM", *La Torxa:* Portantveu del POUM i de les jci de Reus, n. 4, 30 jan. 1937, p. 3.

teríamos sido coniventes com a Quinta Coluna[3] ou mesmo com o general Franco. Os trabalhadores têm memória e senso comum, e, naturalmente, não demos importância a essa afirmação gratuita nem pudemos acreditar que o "poumismo" fosse uma organização "de caráter sistematicamente oposicionista ou de uma desorientação inata". O senso comum e a memória fizeram entender que características individuais se diluem na organização que, como a nossa, permanece regida por uma verdadeira democracia interna.

Os trabalhadores conhecem bem nossos militantes mais destacados e sabem como a história destes não deixa dúvidas sobre a firmeza de seu ideal revolucionário. Os trabalhadores puderam ver, no exemplo dos líderes de nossa juventude, a melhor garantia do antifascismo.

A Plaça de la Universitat, em Barcelona, o El Molino, em frente a Huesca, a Catedral de Sigüenza e recentemente Pozuelo são os túmulos em chamas, eternamente vivos, de nossos companheiros que durante a vida foram membros do Comitê Central da heroica juventude dos comunistas ibéricos do POUM.

—

[3] N. T.: A Quinta Coluna tornou-se o emblema da traição na guerra. Existe um filme de Hitchcock com esse título. Na verdade, essa expressão se deve ao general Mola, um dos quatro generais que lideraram o golpe contra a República Espanhola em julho de 1936. Ele afirmou, no início da guerra, que eles tomariam Madri, não com a ajuda das quatro colunas militares armadas, mas com a quinta coluna, ou seja, com a ajuda dos fascistas de Madri que, de suas janelas, atiravam nas costas dos milicianos republicanos. Esse episódio pode ser encontrado no filme *L'Espoir* [A Esperança], de André Malraux. Mola foi vítima de um acidente de avião e Madri só foi conquistada pelos fascistas no final da guerra.

QUAL É O SIGNIFICADO DAS CONSIGNAS "OPOSICIONISTAS" DO POUM?

A consigna central de um partido marxista deve ser deduzida fundamentalmente da interpretação histórica baseada na luta de classes, a qual não pode se basear em estatísticas atuais, mas na própria evolução. Por outro lado, as consignas devem ser transformadas, mediante ação, numa arma eficaz a serviço de uma das classes em luta, o proletariado.

> A GUERRA ENTRE OS OPRESSORES E OS OPRIMIDOS, ÀS VEZES ABERTA, ÀS VEZES DISSIMULADA, É UMA GUERRA QUE SEMPRE TERMINA NA TRANSFORMAÇÃO REVOLUCIONÁRIA DA SOCIEDADE, OU NA DESTRUIÇÃO DAS DUAS CLASSES EM LUTA – Manifesto Comunista.

O triunfo do proletariado não é fatal nem historicamente inevitável; depende da capacidade de "saber vencer" a burguesia. O partido é o cérebro, o general dessa batalha; as consignas do Partido são as armas indispensáveis para a vitória.

> *OS CAMPONESES QUEREM AÇÃO, E NÃO PALAVRAS! Eles exigem posicionamentos claros, concretos e precisos e uma ação enérgica nas questões pertinentes aos campos. O que espera o Governo para resolver o problema social da terra?*

—

Em 19 de julho,[4] o exército "espanhol" se rebelou armado contra a "legalidade republicana".

---

[4] Na verdade, foi no dia anterior, dia 18, que esse golpe de Estado começou. No dia 19 ocorreu a reação dos trabalhadores contra os militares. [A. V.]

No dia 19 de julho, o proletariado organizado venceu o exército faccioso nas ruas das principais capitais.

Desde 19 de julho, a luta continua nos *fronts* de combate.

No entanto, o dia 19 de julho não foi o começo do mundo. O 19 de julho tinha diante de si um calendário de anos cujas folhas estavam ligadas não apenas pela continuidade como também pela causalidade histórica. A compreensão do 19 de julho será possível se encontrarmos esse elo causal.

Um herói desconhecido passou dois meses imerso na lembrança do 19 de julho, extasiado diante do gesto do proletariado, cantou "divinamente" essa epopeia; mas nosso herói não compreendeu o dia 19 de julho.

O 19 de julho não é uma sobreposição de dias; o 19 de julho é uma consequência.

—

A Espanha não realizou sua revolução democrática burguesa nem no século XVIII nem no século XIX.

O segredo do sucesso consiste em chegar a tempo.

A Espanha permanece transformada numa semicolônia anglo-francesa; da economia fundamentalmente agrária à indústria em crescimento fraco e parasita sob as costas corcundas do Estado feudal agrário. A exportação de produtos agrícolas implica a importação de produtos manufaturados; a permanência do Estado feudal agrário equivale à concorrência estrangeira com a indústria nacional pelo mercado interno.

O desenvolvimento da burguesia industrial implica a ruptura violenta das bases econômicas do Estado feudal agrário e também a realização da revolução burguesa.

O retorno do exército "colonial" após a insurreição nacionalista americana e a guerra de libertação contra os franceses criaram um exército hipertrofiado.

A presença do proletariado organizado castra as possibilidades agressivas da burguesia "revolucionária". A burguesia passou imperceptivelmente da revolução para a traição por meio de hesitações e indecisões.

Todas as tentativas de revolução burguesa na Espanha foram frustradas por essas duas constatações.

—

A economia mundial constantemente expropria tudo, resultando na falência dos mercados agrícolas estrangeiros; a crise agrária leva a uma mudança política, com os proprietários de terras e os exportadores se tornando republicanos. A República seria uma nova fase da revolução burguesa liderada pela mesma burguesia com a colaboração de seus inimigos naturais, os agrários.

Consequência: fracasso.

O segredo do sucesso consiste em chegar a tempo.

Nosso ex-amigo Miravilles estudou os pressupostos da República.

A POLÍTICA É A ECONOMIA CONCENTRADA – Lênin.

Poderíamos deduzir facilmente que, embora o léxico tenha mudado, a orientação social permaneceu idêntica à da monarquia; a fria eloquência dos discursos demonstrou a incapacidade da burguesia de levar a cabo a revolução democrática até às suas últimas consequências.

Características da República:
CAPITALISMO RAQUÍTICO E ESTADO POLICIAL

—

O fracasso da revolução democrática significa que a revolução social está longe?

A revolução democrática não está concluída.

Falar de revolução socialista é ou um erro objetivo e idealizado ou uma aventura blanquista.

Assim falariam os marxistas que discordam de nós, se quisessem fazer-nos uma crítica séria como fazemos em relação a eles. Foi assim que o menchevique Kamenev falou quando criticou Lênin.

A revolução democrática "está concluída" no sentido da tomada do poder pela burguesia. O beato Azana acabou passando o poder para Gil-Robles e aos Lerroux. A reconquista de novembro terminou com a insurreição militar.

A classe trabalhadora se opôs a Gil-Robles no Outubro Vermelho.

A classe trabalhadora se opôs aos militares com sua revolução.

O êxito de uma ação se confirma no final. A estrutura econômica da monarquia foi objetivamente quebrada apenas pelo proletariado armado.

CAMPONESES!
Fortalecendo os sindicatos agrícolas e criando
cooperativas, vocês vão acabar com os intermediários.

A UNIÃO DE TODOS OS CAMPONESES
É A MELHOR GARANTIA.
A sindicalização única obrigatória
é a melhor forma de alcançar essa união.
Todos os camponeses sindicalizados –
Apenas um sindicato agrícola em cada vilarejo.

O proletariado criou comitês nas fábricas, comitês distritais, comitês camponeses. Essa não é uma dualidade de poder equivalente à situação de 1917 na Rússia!

Devemos acabar com a revolução democrática burguesa e levá-la às suas últimas consequências. Quem deve realizar essa tarefa? As organizações pequeno-burguesas já conhecidas pelo fracasso ou as novas organizações operárias que surgiram na luta?

> OS LÍDERES DA PEQUENA BURGUESIA "DEVEM" ENSINAR A CONFIANÇA AO POVO. COM A BURGUESIA, OS PROLETÁRIOS DEVEM APRENDER A DESCONFIAR – Lênin.

Os comitês camponeses são organizações pequeno-burguesas?
Estaremos a colocar os camponeses de volta na direção da revolução?
Queremos ou dissemos apenas uma vez que vamos implantar o socialismo por milagre, instantaneamente, ou por decreto?
Sabemos que é necessário utilizar a capacidade e a energia revolucionária do camponês pobre para a liquidação do feudalismo e para a revolução proletária; mas não deixaremos a liderança dessa revolução nas mãos da pequena burguesia, que é incapaz, entre outras razões, de aproveitar essa energia revolucionária. O próprio Stálin publicou um pequeno texto, "Le Léninisme: théorie et pratique",[5] no qual demonstrou que é inútil discutir que país específico reunia as condições objetivas para uma revolução operária.

> A EXISTÊNCIA DE ÁREAS INSUFICIENTEMENTE DESENVOLVIDAS DO PONTO DE VISTA INDUSTRIAL NÃO É UM OBSTÁCULO INSUPERÁVEL PARA A REVOLUÇÃO, PORQUE É O SISTEMA COMO UM TODO QUE DEVE ESTAR MADURO – Stálin.

É a mesma posição leninista segundo a qual o capitalismo não se rompe onde sua evolução é mais completa, mas onde é mais fraca, precisamente o local onde se acumulam as contradições

---

5 N. T.: Em português foi traduzido por: *Sobre os fundamentos do leninismo* [*Conferências pronunciadas na Universidade Sverdlov à Promoção Leninista*].

econômicas, onde há mais revoluções a serem realizadas, revoluções burguesas e proletárias.

Todavia, entendamos que o que se rompe é o capitalismo, e a revolução que emerge é a do proletariado. Lênin, em 1905, pensava que era possível colaborar com um governo de coalizão revolucionária com a pequena burguesia.[6] Ele apresentou a revolução democrática e a revolução social como se fossem duas etapas da mesma revolução.

> A REVOLUÇÃO DEMOCRÁTICA BURGUESA DEVE SER UTILIZADA PARA PASSAR IMEDIATAMENTE À REVOLUÇÃO PROLETÁRIA – Stálin, citando Lênin.

Em termos obviamente marxistas, portanto, permanece:

A era das revoluções democráticas está ultrapassada.

Os povos que não a fizeram a tempo não podem realizá-las nas mesmas condições das revoluções puramente democráticas.

Somente o proletariado aliado aos camponeses pobres pode realizar a revolução democrática e transformá-la numa revolução socialista, e essa transformação é fundamentalmente necessária.

A Espanha, em particular, demonstrou a impossibilidade de a burguesia fazer a própria revolução.

O fato de não termos feito a revolução democrática não é uma desvantagem para considerar a revolução socialista. Muitas vezes isso é uma vantagem.

As revoluções de nosso tempo (a crise capitalista mundial) são aspectos parciais, rupturas parciais na cadeia capitalista internacional.

---

[6] Vladímir Lênin, *Duas táticas da social-democracia na revolução democrática* [1905], trad. Edições Avante!. São Paulo: Boitempo, 2022.

O 19 de Julho foi possível depois do fracasso da revolução democrática, e os trabalhadores não assumiram a liderança da revolução nem conseguiram transformá-la.

O 19 de Julho não significa apenas uma barreira ao avanço da revolução. O fascismo – uma forma política do capitalismo monopolista – é uma contrarrevolução diante de uma revolução fracassada.

A Espanha não tinha um partido fascista eficaz, mas tinha um exército hipertrofiado. Maurín apontou essa possibilidade em seus livros, em seus comícios e no Parlamento.

Seu último discurso foi uma acusação à incompetência republicana: "O que vocês estão esperando para reprimir o fascismo?", disse ele alguns dias antes no Parlamento.

A decisão do proletariado de esmagar o exército faccioso implica uma retificação; o proletariado posiciona-se à frente da revolução para saltar rapidamente a fase democrática e alcançar o socialismo.

As consignas do POUM não perdem de vista essa interpretação. Todas derivam dessa convicção baseada na dialética materialista e na experiência da luta de classes e das revoluções internacionais.

Cada consigna tende a tornar possível este objetivo concreto: o socialismo.

A SOCIALIZAÇÃO DA TERRA
É A MELHOR GARANTIA DA REVOLUÇÃO.

Socializar a terra não significa trabalhá-la coletivamente.
Socializar a terra significa entregá-la a quem a trabalha, seja individual, seja coletivamente.

A GUERRA CIVIL ESPANHOLA

Entrevista com François Tosquelles[1]

[FRANÇOISE PICARD] *Somos afetados pelos acontecimentos da História. À VST* [Vie Sociale et Traitments – Vida social e tratamentos], *após cinquenta anos de atividade dos Ceméa* [Centres d'Entraînement aux Méthodes d'Education Active – Centros de treinamento em métodos de educação ativa], *cabe-nos evocar alguns movimentos que ressoam nas práticas psiquiátricas. Antes de sua chegada a Saint-Alban, você era um jovem participante do movimento psiquiátrico e da Guerra Civil Espanhola. Sem dúvida, aquela guerra teve um papel no que aconteceu aqui, mais tarde, com a invasão alemã e os eventos da Resistência. As relações mais ou menos significativas – para não dizer determinantes – entre esses grandes conflitos sociais e as práticas psiquiátricas – nas quais você era de alguma forma um ator lúcido – são menos evidentes...*

[FRANÇOIS TOSQUELLES] [...] Além disso, parece que, à luz das estatísticas, durante essas grandes transformações catastróficas dos coletivos em questão, houve uma redução no número de psicoses reconhecidas como tais. Evidentemente, não estou me referindo aos milhares de doentes mentais que foram mortos por gás ou injeções letais na Alemanha durante a última guerra nem aos ainda mais numerosos que morreram de fome nos hospitais psiquiátricos franceses na mesma época.

---

1 Entrevista de Françoise Picard, secretária da revista VST, com François Tosquelles, publicada em VST, n. 172, ago.-set. 1987, pp. 35-38.

O ANTISSEMITISMO: UM PARÂMETRO SIGNIFICATIVO

Em todo o Ocidente, por tradição e, sobretudo, por causa do número exorbitante de vítimas do fascismo, o antissemitismo tornou-se um parâmetro significativo e, infelizmente, por vezes, o único referencial para muitas outras exclusões mortíferas do *outro* que é definido como radicalmente estranho e perigoso. De fato, na maioria das vezes, essas exclusões são sutis, mas igualmente mortíferas. A *eliminação* dos loucos na mesma época é um testemunho disso.

Em última análise, o antissemitismo fascista constitui uma prática social criminosa que, por analogia com certo número de sacrifícios ou mortes rituais e públicas, emerge de uma esperança mágica: quer dizer, é como se fosse uma verdadeira aposta, um verdadeiro desafio, ou até mesmo um discurso mágico direcionado aos deuses – que supomos que brincam com nosso futuro, sem muita consideração por nossas insuficiências e nossos sofrimentos. As manifestações do desespero apocalíptico que leva à fobia antissemita mal escondem o que, na realidade psíquica de cada um, constitui os movimentos fóbicos mais primários e radicais, desencadeados automaticamente por qualquer suspeita da presença da loucura nos *outros*, tida como estranha e maligna.

O OUTRO EM NÓS

O desconhecimento e o medo do outro emergem, então, em todos os cenários sociais possíveis. A fuga e a exclusão aparecem como um sistema de defesa aparentemente legítimo, embora esteja fadado ao fracasso, pois o verdadeiro desconhecimento diz respeito a todos aqueles que testemunham nossa própria alteridade complexa, conflituosa e inevitável: aquela que faz ninho e persiste como coexistente em cada uma das subjetividades em evolução – em suma, quando a coexistência se revela na própria estrutura interna do sujeito do *outro em nós*.

O que, além disso, desempenha muitas vezes, sem nosso conhecimento, um papel motor.

O conceito freudiano de inconsciente conota essa alteridade, na maioria das vezes incompreendida, do *outro em nós*. Assim, acredito que a frase de Lacan: "O inconsciente é o discurso do outro" denota um fato fundamental de toda a vida psíquica humana. É em nós mesmos que o outro em questão modula, com mais ou menos sorte, a canção do amor e da guerra, da qual cada um se torna ao mesmo tempo o intérprete, o ator e o autor; ou mesmo o espectador surpreso, atônito e frequentemente assustado.[2] É verdade que na maioria das vezes essa canção é cantada em silêncio, notadamente quando conjuga de forma mais ou menos harmoniosa os membros de nosso grupo de origem e seus mútuos empréstimos pulsionais. Sabemos que não é raro que os espaços sociais familiares se transformem em *verdadeiros ninhos de víboras*. Em todo o caso, é certo que esse espaço inter-humano – seja qual for o saco de nós em que se possa perder – constitui o lugar em que as várias manobras que visam à conquista de um espaço disputado pelos demais membros da família dissimulam mal outra coisa: a luta de vida e morte pelo reconhecimento do *ser de desejo* de cada um oferecido aos outros e esperado pelos outros.

A VIOLÊNCIA E SEUS MECANISMOS

É ainda com ela [a violência] que estabelecemos as próprias marcas para podermos saltar para fora, para as outras fases da vida; é também assim que certa violência sempre se manifesta nos coletivos concretos dos quais cada um faz parte. A violência e

[2] Não escrevi aqui que o outro em nós se torna modelo para ninguém. No entanto, minha secretária – ou sua máquina – cometeu um deslize nessa ocasião. Onde eu escrevi "modula", ela escreveu "modelo". Isso serve para todos aqueles que buscam se distanciar do inconsciente ou silenciá-lo. Quando o outro fora de si se torna modelo, em cada indivíduo desaparece sua dimensão original e prática de sujeito.

os mecanismos pelos quais se manifesta, muitas vezes, se tornam socializados, canalizados ou contidos, sem que essas variações impliquem mudanças substanciais em sua natureza. Felizmente, o amor – que, quando muda de objeto, nos muda substancialmente – está sempre do mesmo lado propondo desafios e apostas no mesmo espaço. Individualmente, esse tipo de canto silencioso, com a palavra falada, encontra então formulações estéticas e poéticas que nos distinguem mais facilmente do que as chamadas comunicações ditas racionais e pragmáticas. Como último recurso, podemos dizer que as trocas, as sequências e os desabafos jogam com os outros no nível do inconsciente, ao nos singularizarmos como sujeitos no amor e no ódio, não há o que compreender nem fazer compreender intelectualmente. O que não significa que isso fique fora dos efeitos da relação com o outro que encontramos ou da qual procuramos fugir no cotidiano. É mesmo esse movimento que está em jogo no campo da psicoterapia – sempre possível, desde que o próprio terapeuta não venha a negar a violência: qual a analogia com as guerras civis *internas* – diz-se – tornam isso óbvio. Se a função poética da linguagem joga nas formulações estéticas da singularidade, por outro lado, quando se trata de jogar com e nos vastos espaços públicos indeterminados e muitas vezes anônimos – os das grandes assembleias sociais –, o que cria vínculo e se dirige à multidão anônima nunca é o amor, mas a própria violência.

Com efeito, penso no encantamento mútuo e no calor afetivo de certas reuniões que se aglutinam em torno das representações exibicionistas de certos líderes, muitas vezes sedentos de amor e hábeis na manipulação de cantos de sereia. O amor não é fascinação nem fusão ou confusão com o outro. O amor personifica o outro.

A DETERMINAÇÃO ÉTICA

Sabemos que a prática concreta proposta pela chamada caridade cristã, que visa ao reconhecimento concreto do outro em si, não é corriqueira, e isso apesar de sua possível indiferença, mesmo de suas manifestações agressivas, quando assume o papel de inimigo.

Dito de outra forma: nas situações coletivas de vastos grupos, não se trata de operar com mecanismos voltados para formulações estéticas. Aqui, apenas a determinação ética pode e deve entrar em jogo.

Por um lado – creio, até certo ponto –, Kant disse: "Todo ato particular é julgado e medido no plano ético pelo critério da universalidade da coisa em questão". Por outro lado, se de alguma forma a estética permanece presa à imagem e aos fascínios imaginários, de outro modo, no pano de fundo da ética permanecem – como suporte para todas as suas variações de atividades possíveis – os jogos e os arabescos da violência contida ou revertida na forma de autossacrifício.

É assim também que a atuação das multidões e massas em movimento durante as guerras civis – como foi a nossa, em 19 de julho de 1936 – coloca paradoxalmente, com sua violência desencadeada, uma problemática ética no que diz respeito ao que cada um dos combatentes teve de definir concretamente.

Para além da repartição de situações geográficas que intervieram nas filiações de um grande número de combatentes, de fato, cabia a cada um engajar-se ou não, segundo suas perspectivas éticas, que nem sempre convergiam exatamente com as formulações ideológicas – muitas vezes muito mais divididas do que se poderia acreditar.

Foi dessa forma que esses primeiros dias de guerra decorreram, quando se tratava de todos aqueles que se engajaram com sua lúcida espontaneidade; notadamente nas vitoriosas batalhas de rua – nas quais os operários e as milícias catalãs se opuseram à insurreição massiva de todo o exército espanhol. O caso de Madri, onde também o exército fascista foi derrotado, apesar do menor peso do proletariado de sua região, coloca-se em perspectivas políticas e em outra estrutura distributiva muito diferente da direção das forças sociais presentes.

Não posso mencionar aqui todas as divisões em jogo nessa guerra civil; nem mesmo todos os movimentos e outras clivagens que se manifestaram de várias maneiras fora do campo de batalha em todo o mundo: quer dizer, em outras nações e entre diferentes Estados.

GUERRAS CIVIS: CRISES PSICOPATOLÓGICAS

Não esqueço que os acontecimentos históricos em questão ocorreram em outro nível e colocaram em jogo interesses e estruturas diferentes daquelas que vemos na clínica psiquiátrica. No entanto, gostaria de enfatizar aqui a superposição e, muitas vezes, a analogia detectável no decurso dessas guerras civis com o que frequentemente acontece com cada um dos pacientes de que cuidamos. Isso também se dá com relação às divisões induzidas em suas famílias ou em seus poucos aliados afetados pela situação.

[Picard] *Quando mencionei a guerra na Espanha, você enfatizou o caráter da guerra civil. Por outro lado, parece-me que você aproveitou a oportunidade para confrontar as reivindicações nacionalistas catalãs.*

É verdade, em primeiro lugar porque começou como uma verdadeira guerra civil. Além disso, eu queria destacar certas analogias entre esses acontecimentos trágicos e o que há no humano, como podemos constatar no decorrer de crises psicopatológicas. O ser humano é múltiplo e conflituoso em si e em suas relações com os outros. A unidade de cada indivíduo é apenas aparente e enganosa. A ideia de paz social é uma ilusão. Os paraísos estão sempre perdidos.

A NOÇÃO DE *CONATUS* EM SPINOZA

A propósito do humano, Spinoza também abordou, entre outras coisas, um conceito que considero muito operativo ou sugestivo. Meu amigo e professor E. Mira i Lopez – muito eclético em seu ensino – destacou um ponto prático que poderia orientar nossas abordagens terapêuticas. Trata-se de *conatus*, que alguns traduzem pela noção de *tendência psicomotora*, ou mesmo como vontade clássica. Com efeito, conatus se refere à aplicação concreta da energia, em toda parte, disponível e despendida "para que cada ser possa perseverar em seu próprio ser".

Daí resulta uma questão do sujeito, a de sua precariedade descontínua; assim como de sua continuidade, sustentada apenas pelo próprio movimento dos elementos em jogo na existência de cada um. Assim que esse movimento para, há um colapso do sujeito e a identidade de todos é apagada. Isso está relacionado com o projeto dos Ceméa, de Daumezon, que promove atividades na prática clínica e terapêutica.

Embora eu não considere que a noção spinoziana de *conatus* seja totalmente equivalente à noção freudiana de narcisismo, há uma correlação quando consideramos como, para cada paciente psicótico, a experiência da própria identidade se torna problemática, angustiante e, por vezes, trágica.

IDENTIDADE EM JOGO

Para enfatizar o problema da identidade em jogo, eu quis ressaltar o desafio aberto durante a insurreição militar espanhola: como em outras ocasiões, ela visava apagar a cultura, a língua e a história da Catalunha, ou seja, sua identidade. Frequentemente, tendemos, talvez até mesmo você, a minimizar esse aspecto da guerra. Diante desse desconhecimento, eu deveria mencionar toda uma série de eventos históricos que envolvem, em última instância, o compromisso do feudalismo autoritário e inquisitorial de Castela em dominar toda a península Ibérica, incluindo o Novo Mundo, em oposição à política mediterrânea, industrial e democrática da Catalunha. Quando falamos em "Espanha", escondemos que estamos nos referindo apenas à gesta de Castela. É verdade que a escolha dos Bourbon como reis da Espanha contribuiu para o persistente desconhecimento na França sobre esses problemas antigos e ainda atuais; e deixo fora dessa questão a colaboração dos franceses no longo cerco de Barcelona de 1714 a 1717.

Dito isso, todas as tensões latentes e manifestas da guerra civil em questão não podem ser reduzidas à oposição entre Castela e Catalunha.

Nunca há uma única *causa* para eventos históricos mais ou menos complexos nem para nenhum dos sintomas que surgem ou que são causados por certos *pacientes*.

A evolução, tanto das crises psicopatológicas como, inclusive, da Guerra Civil Espanhola, sempre depende de uma complexidade de fatores atuais que influenciam o movimento e os impulsos dos antigos fatores em jogo. Por exemplo, no início da guerra, ninguém poderia ignorar o cenário específico da luta de classes que se apresentava. Ademais, em 1936, a luta de classes, como o aspecto mais concreto da dinâmica universal da História, estava presente em todos os lugares.

No entanto, em maio de 1937, o proletariado, como protagonista da luta de classes, já havia perdido seu papel específico em nossa guerra.

A própria Generalidade catalã havia perdido todo o poder real na condução da guerra e na vida política da Catalunha, quando o poder central, mais ou menos armado e inspirado pelo Partido Comunista espanhol, se impôs violentamente em Barcelona ao potente movimento operário, originalmente anarquista, e ao que estava solidamente estabelecido no proletariado catalão, com o Partido Operário de Unificação Marxista – então frequentemente referido como trotskista – no estilo dos fatos bem conhecidos da época stalinista. Pouco a pouco, tudo se tornou culpa de certos Estados e de seus políticos: Alemanha, Itália, até mesmo a Rússia.

A Guerra Civil Espanhola não foi uma guerra civil localizada, mas de dimensão universal que visava à tomada do poder pelo proletariado. As Brigadas Internacionais, presentes principalmente no *front* de Madri, se retiraram dos combates e foram dissolvidas em dezembro de 1938, em plena Batalha do Ebro, ao sul da Catalunha. Ao afastar o proletariado do movimento histórico, tudo estava preparado para a grande guerra dos Estados – que, no caso da França, começaria em setembro de 1939. Você conhece a história.

PODEMOS FAZER A MELHOR PSIQUIATRIA EM QUALQUER LUGAR

Eu poderia descrever as atividades e os serviços psiquiátricos realizados com as milícias catalãs no *front* de Aragão; até a mudança significativa na forma de trabalho psiquiátrico, quando, no início de 1938, o Exército Popular da República Espanhola acabou aceitando, a contragosto, dos agentes russos, a necessidade de organizar serviços psiquiátricos adaptados à situação de guerra.

A pressão do professor Mira foi crucial para alcançar essa mudança de perspectiva tão esperada por nós em Aragão. Fui então nomeado chefe dos serviços psiquiátricos. Implementei o trabalho de nossas equipes de base e as intervenções móveis numa ampla área que incluía precisamente Castela, na fronteira com Toledo, Estremadura e o norte da Andaluzia. Isso durou até 1º de abril de 1939. Felizmente, consegui resolver a questão e, por um milagre, escapei com vida. Depois de muitas peripécias, em 1º de setembro eu já estava na França.

Participei como responsável em dois períodos distintos e em diferentes formas de atividades psiquiátricas centradas nos fenômenos direta ou indiretamente modulados pela guerra. O interesse nessa questão parece-me relativamente secundário, embora eu tenha tirado dessas atividades uma conclusão otimista: podemos e devemos sempre fazer a melhor psiquiatria em qualquer lugar, desde que levemos em consideração as situações sociais concretas em que nos encontramos com os *pacientes* e que saibamos o que esperar aproximadamente das articulações psíquicas internas de cada um com os grupos a que pertence ou coexiste.

UMA POLÍTICA DA LOUCURA[1]

François Tosquelles é um psiquiatra e psicanalista de origem catalã. Ele marcou profundamente a psiquiatria do século XX. Refugiado na França no fim da Guerra Civil Espanhola, trabalhou a partir de 1940 no hospital de Saint-Alban, na Lozère. O texto que apresentamos aqui é a transcrição integral de um filme, realizado em 1989, sob a forma de entrevista com aquele que foi o fundador da psicoterapia institucional. Sua vida e obra, atravessadas pela loucura da História, mudaram radicalmente a história da loucura.

[TOSQUELLES] A psicanálise é caracterizada pela necessidade de invenção. O indivíduo, geralmente, não se lembra de nada de suas anedotas e, portanto, se não inventa, é preciso inventar. Ele é autorizado a *disparatar*.[2] Dizemos a ele: "*Disparate,*

---

[1] N. T.: Publicado originalmente como "Une politique de la folie". *Chimères: Revue des schizoanalyses*, n.13, Paris, 1991, pp. 66-81 Esta é a transcrição de uma entrevista realizada em 1989 na França, filmada e dirigida pelo cineasta François Pain, antigo analisando de Tosquelles, em parceria de Danielle Sivadon (1937-2017) e Jean-Claude Polack. Foi transmitida pela Sept e FR3-Toulouse em 1990, produzida por Pierre Devert (Anabase) e apoiada por Mire, Centre National du Cinéma et de l'Image Animée (CNC) e Sept, contando com a colaboração de Annick Kouba, Félix Guattari (1930-1992) e Gérard de Verbizier (1942-2004). Ao final do filme, encontram-se os agradecimentos a Hélène Tosquelles (1913-1999), aos membros do hospital psiquiátrico de Saint-Alban, aos psiquiatras Jean Oury (1924-2014), Roger Gentis (1928-2019), Horace Torrubia (1917-1999), à Association Traverses e a La Mire. Esta tradução se baseou na versão da revista *Chimères*, de 1991, e no filme. Os trechos em itálico correspondem às narrativas do filme, enquanto os demais segmentos constituem as falas de Tosquelles.

[2] N. T.: Para Tosquelles, o psicanalista autoriza a *déconner*, fazer *déconnages*. Neste trecho, ele está falando sobre permitir que se inicie um processo de associação livre, técnica inventada por Freud. Mas a expressão *déconner* em francês é um tanto complexa de traduzir para expressar tal exercício.

disparate, meu pequeno! Isso se chama associação livre. Aqui você não será julgado, pode *disparatar* à vontade". Chamo a psiquiatria de *disparatria* [déconniatrie]. Mas, enquanto o paciente está em disparate, o que faço? Intervenho no silêncio, principalmente no silêncio, enquanto também estou *disparatando*.[3] Ele me diz palavras e frases. Escuto as inflexões dessas frases, as articulações, onde ele coloca ênfase e a deixa cair... como na poesia. Em contrapartida, faço minhas próprias associações. Associo com meus próprios disparates, com minhas lembranças pessoais, elaborações, entre outras coisas. Enquanto ele está quase dormindo, também estou quase adormecendo. Embora a gente diga "Disparate!", nem sempre isso acontece, ele se deita, quer ter razão, faz racionalizações e conta histórias precisas sobre a realidade: "Meu pai fez isso, minha mãe fez aquilo...". Raramente ele disparata. Entretanto, sou forçado a disparatar em seu lugar. Com base no acento e na musicalidade de sua voz, mais do que em suas palavras, alimento minha *disparateria*. De vez em quando, penso: "Se eu lhe dissesse isso agora? Se fizesse uma pequena *interpretação*?"

A partir de 1940, Saint-Alban se tornou ponto de referência do movimento de transformação dos asilos e, posteriormente, lugar de elaboração teórica e prática da psicotera-

---

Contudo, inicialmente, pensei em variações que transmitissem esse significado, utilizando as palavras "descontrair" e "brincar". Porém, existem outras palavras para representar *déconner*, como *connerie* (idiotice), *bêtise* (besteira), *absurdité* (absurdo), as quais podemos encaixar em português como "disparate", ou seja, algo que nos permita deslocar da razão, do bom senso, algo mais despropositado. E Tosquelles buscou dizer isso com *déconner*, pois, no processo analítico, trata-se de permitir-se adentrar o campo da experimentação, brincar, mergulhar numa linha *nonsense*, fora do pensamento neurótico e demasiadamente racionalizante. Além disso, nesse processo, ele reconhece que o analista também deve exercer o "disparate".

3 N. T.: Com base no contexto, Tosquelles está se referindo ao conceito/exercício de "atenção flutuante", utilizado na psicanálise para descrever a capacidade do analista de manter o pensamento aberto e receptivo às associações da analisante, sem se fixar num pensamento ou numa ideia em particular.

pia institucional. Essa prática se propõe a tratar as psicoses inspirando-se no pensamento freudiano sobre a alienação individual e na análise marxista do campo social.

Muito jovem, Tosquelles se engajou na luta antifascista, antes e durante a Guerra Civil Espanhola, e depois na Resistência Francesa.

Sempre tive uma teoria: um psiquiatra, para ser bom, deve ser estrangeiro ou *parecer* estrangeiro. Por exemplo, não é por charme que eu falo tão mal francês. Para entender o que digo, o paciente[4] – ou qualquer um – precisa fazer um esforço. Assim, eles são obrigados a *traduzir* e adotam uma postura ativa em relação a mim.

Homem de ação e convicção, Tosquelles sempre fugiu dos benefícios e dos inconvenientes da notoriedade. O que será que ele pensa de uma proposta que, desconsiderando sua discrição, poderia lhe proporcionar uma tardia publicidade?

De seu projeto de fazer um filme sobre mim?[5] Estou de acordo. Em algum lugar devo me sentir lisonjeado. Mas, de fato, é uma idiotice. Não que você ou eu sejamos idiotas.[6] Porém, quando se tenta contar a própria história, escrever memórias, explicar coisas como fazemos na clínica psiquiátrica ou psicanalítica, o que evocamos, embora não radicalmente falso, é sempre falso ou falseado. Às vezes colocamos ênfase numa espécie de tom épico, como se fôssemos um herói extraordinário e tivéssemos algum êxito graças a nossa potência *narcísica mágica* ou a nossos valores *espirituais caracterológicos*. E, outras vezes, evocamos o passado de um modo miserabilista. "Que merda de vida!" – é mais preciso.

---

4 N. T.: Na França, utiliza-se a palavra *malade* para se referir a alguém "doente". No entanto, é importante destacar que Tosquelles não emprega esse termo nesse contexto. Por essa razão, no decorrer do texto, decidi alternar entre as palavras "doente" e "paciente".

5 N. T.: Nesse momento ele responde à questão de Danielle Sivadon, ligada à narrativa em itálico.

6 N. T.: Na versão original, ele diz "Mais, en fait, c'est une *connerie*. Non pas que vous soyez *cons*, pas plus que moi".

Entretanto, é indispensável que cada um faça uma avaliação de sua vida, engane-se ou engane os outros. Aliás, o analista não é ingênuo a ponto de, quando o paciente lhe contar sua vida, sentir-se obrigado a *acreditar* no relato. Ele sabe muito bem que [o discurso] está deformado, ainda que seja muito sincero. Talvez, a sinceridade seja o pior dos vícios.

Tosquelles nasceu em Reus, em 1912, a 120 quilômetros ao sul de Barcelona. Foi rapidamente atingido pelo vício que considera constitucional: a psiquiatria. Desde os sete anos, ia todo domingo com o pai ao Instituto Pere Mata. Esse local de tratamento da loucura era dirigido pelo professor Mira, um homem de grande cultura europeia, apaixonado pela fenomenologia e pela psicanálise. Mira teve profunda influência sobre Tosquelles.

Desde o fim do século xix, a Catalunha vive plena afirmação nacional. Tosquelles cresceu cercado por uma intensa vida cultural, social e política, participando de clubes de leitura, cooperativas operárias e reuniões políticas com seu pai. Embora a língua oficial fosse o castelhano, ele aprendeu tudo em catalão.

Eu também falava castelhano, mas tão mal ou até pior do que hoje falo o francês, como os árabes. Quando se vive num país ocupado, é normal que se fale a língua dos opressores, mas se deforma a língua. Você fala "*petit nègre*"[7] como se diz aqui [na França]. Lá, dizíamos "falar como municipal", porque havia colaboradores catalães que trabalhavam para o Estado espanhol e, evidentemente, falavam castelhano. Então, muitos de nós imitávamos aqueles imbecis que falavam tão mal o castelhano.

Em 1927, Tosquelles começou a estudar medicina aos quinze anos de idade. A Espanha vivia sob a realeza e, depois de 1921, sob a ditadura de Primo de Rivera. Os catalães não poderiam ser nada além de rebeldes. A vida política

---

7 N. T.: Tosquelles menciona o termo racista usado naquela época na França para descrever a fala de alguém não fluente em francês, caracterizada por estruturas gramaticais simplificadas e vocabulário limitado.

catalã estava animada pela luta contra a ditadura. Uma aliança frágil unia os anarquistas da CNT [Confederação Nacional do Trabalho] *e da* FAI [Federação Anarquista Ibérica], *a Frente Comunista Catalã-Balear e seu braço clandestino, o* BOC, *Bloco Operário e Camponês, do qual Tosquelles fazia parte e que seguia uma linha distinta do* PCE [Partido Comunista da Espanha].

Fui membro da Federação Comunista Catalã-Balear. Em determinado momento, Stálin enviou um sujeito, um homem negro que era conhecido como Bréa. Nunca vou me esquecer daqueles emissários *clandestinos oficiais* de controle soviético. Esse sujeito queria que fôssemos para Madri e fizéssemos propaganda na Espanha – com a monarquia e os militares no poder – e disséssemos: "Todo poder aos sovietes". Nada de republicanos, anarquistas, socialistas, nada disso. "Todo poder aos sovietes."

Então, dois ou três de nós – e não o Partido, pois ele não teria feito isso oficialmente – escrevemos para Stálin: "Meu caro camarada, você é um Guia muito importante, mas não entende nada do que acontece aqui. Na Espanha, não existem sovietes. Logo, dizer 'todo poder aos sovietes' é realmente dar razão aos militares e ao rei. Uma estupidez. Pior que isso. Aliás, não vamos falar castelhano, pois os castelhanos são nossos opressores. Se você quer uma propaganda que se pareça com 'todo poder aos sovietes', será preciso dizer 'todo poder a *las peñas*'". *Las peñas* são os botecos, as discussões de boteco, aqueles que fazem a guerra nos cafés. Antigamente, quando se ia para o café, seja na França, seja na Espanha, passava-se o dia inteiro lá; pois o mais importante era trabalhar o mínimo possível. Desse modo, assim que se acabava de trabalhar, era preciso ir ao café. Não íamos lá para ficar bêbados nem formar partidos, mas para discutir. Havia gente de direita, de centro, de esquerda, e conversávamos horas a fio para tentar refazer o mundo.

Em 1931, graças à luta dos catalães, a República foi proclamada em Barcelona antes de ser em qualquer outro

lugar da Espanha. O período de 1931 a 1936 foi marcado por grande criatividade popular. Pablo Casals desenvolveu seus concertos operários catalães. Todas as hierarquias e ideias consagradas foram contestadas.

Foi em 1935 que Tosquelles, já psiquiatra no Instituto Pere Mata, de Reus, participou da criação do POUM, Partido Operário de Unificação Marxista, o único partido que denunciou os processos de Moscou. Muitos que fugiam do nazismo se juntaram ao partido. O Hotel Falcon, nas Ramblas, é a sede do POUM. Mais tarde será, para os seus militantes, uma prisão.

Desde 1931, psicanalistas que deixaram Berlim e outros países da Europa Central se instalaram em Barcelona. Muitos se esqueceram da pequena Viena que Barcelona se tornou entre 1931 e 1936. Quero prestar homenagem ao professor Mira e ao grupo de psiquiatras e psicanalistas de diversas escolas que foram trazidas para essa cidade pelas angústias paranoicas encarnadas pelo nazismo. Entre eles estavam Sándor Eiminder, [Paul-Louis] Landsberg,[8] [Alfred A.] Strauss,[9] Olivér Brachfeld[10] e outros.

8 N. T.: Paul-Louis Landsberg (1901-1944), filósofo existencialista alemão, conhecido por suas obras *The experience of death* e *The moral problem of suicide*. Foi professor universitário em Bonn (Alemanha), Madri (Espanha) e Paris (França), entre outras. Foi capturado pela Gestapo e deportado para o campo de concentração de Oranienburg no final da guerra, onde faleceu em abril de 1944.
9 N. T.: Alfred A. Strauss (1897-1957), psiquiatra alemão formado em 1922 na Universität Heildelberg, onde se tornou pesquisador e professor. Foi professor na Universitat de Barcelona e ajudou a fundar a primeira clínica municipal de orientação infantil na cidade. Em 1937, mudou-se para os Estados Unidos, onde atuou como psiquiatra-pesquisador na Wayne County School, em Northville Michigan, até os anos de 1943.
10 Olivér Brachfeld (1908-1967), psicólogo húngaro representante da psicologia individual, fundada por seu antigo professor Alfred Adler, ex-psicanalista e colega de Freud. Em 1931, tornou-se professor na Facultat de Filosofia da Universitat de Barcelona. Exilou-se na França de 1931 a 1942. Participou

Entre esses imigrantes, Tosquelles encontrou, acolheu e protegeu aquele que logo se tornaria, apesar da barreira da língua, seu psicanalista: Sándor Eiminder.

Em 1933, fui acometido por uma otite e meu analista veio me visitar. Certo dia, meu pai chegou ao mesmo tempo e o apresentei a meu analista. Meu pai disse a ele, mais ou menos, assim:

– Como o senhor pode analisar meu filho se fala tão mal o catalão e o espanhol?
Meu analista respondeu: Depois de quinze dias em Barcelona, já se entende metade do catalão.
Meu pai ficou surpreso e perguntou: Metade? – disse meu pai a ele. – Eu sabia que vocês, homens da Europa Central, tinham um dom para as línguas, mas não sabia que era tanto assim.
Meu analista continuou: Sim, metade – continuou meu analista. – Pois os catalães dizem, a cada duas palavras, "*me cago en Deu*" ou "*mierda*". Portanto, basta entender essas duas expressões para saber metade do catalão.

Esperei um pouco antes de dizer a meu analista que eu devia muito àquele encontro extra-analítico. Foi ali que entendi que o que importa não é tanto o que o paciente diz, mas sim o corte e a sequência. Colocar um ponto – *mierda* – ou um ponto e vírgula – *me cago en Deu* – é marcar sequências. E o que me interessa é escutar as sequências dessa música; o que é dito no interior delas não tem importância. Nada mal!

Em 1936, a guerra civil irrompe. Tosquelles se alista nas milícias antifascistas do POUM, partindo para o front de Aragão com apenas 24 anos. Todas as suas ideias serão colocadas à prova de fogo. O POUM rapidamente se tornou alvo privilegiado do Partido Comunista Espanhol, que era totalmente dependente de Moscou. A partir

---

de atividades na América Latina, principalmente em Bogotá (Colômbia) e na Universidade Central del Ecuador, em Quito, cidade onde viveu e morreu.

de 1937, muitos de seus militantes foram mortos ou presos.
A guerra adquire ares surrealistas.
A lei surrealista da guerra é que sempre há um imprevisto, algo inesperado; isto é, alguma coisa que, precisamente, não pode ser transformada em ciência. A ciência é um transtorno de comportamento de certas pessoas que a transformam numa obsessão; elas querem controlar tudo por meio da ciência. A guerra é um real incontrolável. Mas, como diriam os surrealistas, *cadavres exquis* aparecem durante a guerra, ou seja, o imprevisto, associações livres que não são puramente fantasiosas, são mais reais do que o real.

Insisto no fato de que não se trata de qualquer guerra, mas de uma guerra civil. A guerra civil, diferentemente da guerra entre nações, está relacionada com a não homogeneidade do eu. Cada um de nós é feito de pedaços contrapostos, com uniões paradoxais e desuniões. A personalidade não é um bloco; se fosse, seria uma estátua. É preciso registrar uma coisa paradoxal: a guerra não produz novos *doentes*. Ao contrário! Durante a guerra, há muito menos neuroses e existem até psicoses que se curam; mesmo que estejam mortos, essa é a cura absoluta, na vida civil.

Então, o que fiz em Aragão? Não tinha muitos *pacientes*; evitava enviá-los a duzentos quilômetros da linha do *front*; e tratava deles ali onde as coisas haviam se desencadeado, a menos de quinze quilômetros da linha do *front*, de acordo com um princípio que poderia lembrar a política de setores. Se você envia um neurótico de guerra a 150 quilômetros da linha do *front*, você o torna um crônico. Só poderíamos cuidar dele perto da família, ali onde ele havia tido problemas.

Em vez de cuidar desses *pacientes* que não existiam, adquiri o hábito de cuidar dos médicos para que perdessem o medo e, sobretudo, algo mais importante do que o medo. A guerra civil comporta uma mudança de perspectiva sobre o mundo. Geralmente, os médicos têm em mente a estabilidade de um mundo burguês. São pequenos ou grandes burgueses que querem viver sozinhos, ganhar dinheiro e ser sábios. No entanto, numa guerra civil como a nossa, o médico tinha de aceitar uma mudança de perspectiva sobre o mundo, aceitar que fossem os clientes que determinassem sua clientela e que ele não era onipotente. Portanto, ocupei-me da psicoterapia de homens "normais" para evitar a crise. Não se pode fazer psiquiatria num setor ou num hospital mantendo uma ideologia burguesa e individualista. Um bom cidadão é incapaz de fazer psiquiatria. A psiquiatria comporta uma anticultura, ou seja, uma cultura com uma perspectiva diferente daquela do sujeito. Sua natureza carece de importância. Mas aprendi naqueles primeiros anos que [essa diferença] facilita a mudança cultural de concepção do mundo. Foi isso que eu aprendi naqueles primeiros anos.

O professor Mira conseguiu, indo contra a orientação do Partido Comunista, a manutenção dos serviços psiquiátricos no exército, bem como a organização de setores, tanto na linha de frente como na retaguarda. Tosquelles foi nomeado médico-chefe dos serviços psiquiátricos do exército. Foi enviado para o front do sul, que se estendia de Valência até Almeria, passando por Madri.

Criou uma comunidade terapêutica em Almodóvar del Campo e organizou o recrutamento de trabalhadores da saúde, evitando incluir entre eles psiquiatras que, de acordo com ele, tinham verdadeiro medo da loucura.

Como eu tinha de fazer a seleção para o exército, a primeira coisa que fiz foi escolher por mim. A caridade bem entendida começa por si mesmo. Escolhi advogados que tinham medo de ir para a guerra, mas que nunca tinham tratado um louco, pintores, homens de letras e putas. Sério! Ameacei fechar as casas de prostituição – já proibidas, mas que funcionavam do mesmo jeito –, exceto se houvessem três ou quatro putas que conhecessem bem os homens e preferissem se tornar enfermeiras – com a condição de não dormir com os *pacientes*. Garanti a elas que não fecharia seus locais de trabalho se pudéssemos lhes enviar soldados. Dessa forma, essas casas de prostituição se tornaram anexos do serviço de psiquiatria. Algumas dessas putas se tornaram excelentes enfermeiras. Foi extraordinário, não? E, pela experiência que tinham com os homens, elas sabiam que todo mundo é louco – inclusive os homens que procuram as putas –, então a formação profissional delas era rápida. Em um mês, uma puta, um advogado ou um padre se tornavam incríveis trabalhadores da saúde. Em dois meses conseguimos montar todo um serviço de setor, com ambulâncias e outros recursos.

Assim, todas as minhas atividades consistiam em montar setores e comunidades terapêuticas, além de realizar ações com os políticos locais e outras pessoas que representassem algum poder no país. A atividade de setor era essa!

Março de 1939 marca a queda da República Espanhola. Tosquelles tenta então fugir da Andaluzia. Ele consegue passar para a França graças a uma rede montada por sua esposa, Hélène.

Quando entrei na França, tinha a certeza de que era possível fazer uma boa psiquiatria. Não era uma certeza teórica, mas sim uma certeza prática.

Ele se junta ao campo de Septfonds, um dos múltiplos locais de concentração criados pelo governo francês para abrigar os 450 mil refugiados espanhóis. As condições de miséria são atrozes; muitos morrem de fome ou de diversas epidemias, outros se suicidam. Tosquelles criou um serviço de psiquiatria.

Nesse serviço, também era muito cômico. Mais uma vez, havia militantes políticos, pintores, violonistas... Havia apenas um enfermeiro psiquiátrico; todos os outros eram pessoas *normais*. Foi muito eficaz e criei um serviço. Acredito que esse tenha sido um dos lugares onde pratiquei uma psiquiatria muito boa, apesar das condições no campo de concentração, na lama. Foi magnífico! Além disso, esse espaço foi utilizado para facilitar fugas... histórias assim.

Muitas vezes se ignora que os republicanos espanhóis que fugiram dos campos constituíram a espinha dorsal da Resistência em todo o sudoeste da França.

> **Tosquelles chega a Saint-Alban. À diversidade de pacientes somam-se refugiados e imigrantes clandestinos que encontram ali um local de acolhimento e cumplicidade, incluindo** [Tristan] *Tzara,* [Paul] *Éluard,* [Georges] *Canguilhem,* [Jacques] *Matarasso,* [Michel] *Bardach... e muitos outros.*
>
> **Apesar de ser médico-chefe renomado em seu país, a administração concedeu a esse estrangeiro apenas o cargo e o salário de um auxiliar de enfermagem. É em condições mais do que precárias que Tosquelles vai, portanto, começar a transformação do hospital.**

Cheguei a Saint-Alban em 6 de janeiro de 1940.

Antes de falar sobre esse período, gostaria de dizer algumas palavras sobre a situação cultural e ideológica dos franceses membros ou não (é a mesma coisa) do Partido Comunista, ou seja, os franceses médios, após a Guerra Civil Espanhola. Em minha opinião, todos eles experimentavam um grande sentimento de culpa em virtude da não intervenção da França na Guerra Civil Espanhola. Posteriormente, eles perceberam que, se o governo ou os operários franceses tivessem apoiado a República, se tivessem transformado o movimento da Frente Popular em movimento revolucionário – e não em uma reivindicação de férias remuneradas –, toda a história do mundo teria sido diferente. Mas é como o nariz de Cleópatra. As coisas são como são. A maioria dos franceses – e especialmente aqueles que tinham um ideal de liberdade – sentiu-se muito culpada em relação aos acontecimentos da guerra. Em Saint-Alban, por exemplo, Paul Éluard, Lucien Bonnafé, Cordes, Chambrun e muitos outros, que eram membros do Partido Comunista, se comportavam comigo como se fossem culpados. Eles se aliviavam me ajudando.

Essa noção de culpa social coletiva francesa em relação à revolução espanhola foi muito importante, e eu me beneficiei disso. Todo mundo me ajudava. Como você mesma... você vem me dizer: "Meu pobre Tosquelles, como você sofreu! Precisamos ajudá-lo. Você precisa se reerguer na vida. Você não pode ficar deprimido porque perdeu a guerra. Uma batalha perdida, dez recuperadas!".[11]

Paul Éluard ficou algum tempo em Saint-Alban.
Éluard era um anjo, um rendeiro da palavra. Passava o dia inteiro fazendo crochê com as palavras porque sentia frio. Éluard era como um menininho que sentia frio e sua mãe o envolvia em panos quentes. Para ele, os panos eram como as palavras. Ele se envolvia em palavras quentes.

Poema de Paul Éluard extraído de Souvenirs de la maison des fous [Lembranças da casa dos loucos], *coletânea escrita em 1945 em Saint-Alban durante a Resistência:*

Este cemitério parido pelo luar
Entre duas ondas de céu escurecia
Este cemitério, arquipélago da memória

Vive de vento louco e espírito a ruinar.
Trezentas sepulturas reguladas por um terreno exposto
Para trezentos mortos sob a terra revestidos
Cruzes sem nome, corpos desconhecidos
A terra extinta e o homem decomposto.

Os desconhecidos saíram da prisão
Cobertos de ausência e descalços
Não tendo mais nada a esperar
Os desconhecidos morreram na prisão.

Seu cemitério é um lugar sem razão.[12]

---

[11] N. T.: Nesse trecho, ele diz: "Une de perdue, dix de retrouvées!". A frase pode também ser traduzida assim: "Uma porta se fecha, outras se abrem!".
[12] Tradução livre. No original, "*Ce cimetière enfanté par la lune / Entre deux vagues de ciel noir / Ce cimitière, archipel de la mémoire // Vit de vent fou et d'esprit en ruine. / Trois cents tombeaux réglés de terre nue / Pour trois cents morts masqués de terre / Des croix sans nom, corps de mystère / La terre éteinte et l'homme disparu. // Les inconnus sont sortis de la prison*

Antes mesmo da chegada de Lucien Bonnafé, nomeado médico-chefe em 1943, o hospital se tornou um lugar aberto para encontros e confrontações. A psicanálise, o comunismo e o surrealismo, durante os anos críticos do governo Pétain, alimentaram reuniões quase permanentes. À noite, enquanto esperavam um visitante ou uma chegada de armas por meio de paraquedas, organizando o tratamento dos feridos ou preparando edições clandestinas, essas reuniões colocavam em andamento o mundo do asilo, já tratando de "curar a vida". Foi assim que surgiu a Sociedade do Gévaudan,[13] nomeada em homenagem à famosa e incapturável fera.

Só existe resistência contra o opressor. Enquanto não houver uma barreira, um obstáculo mais ou menos violento, não se percebe a estupidez da vida cotidiana, que segue correndo, um pouco morta como as águas paradas. Então, organizam-se formas de desvio e resistência para simplesmente poder viver. Com certeza, a Resistência foi um fato político datado, após a guerra, em 1940. Quero dizer, depois da derrota. Porque, se não tivesse havido a derrota, não teria acontecido o despertar de Saint-Alban. A Resistência é a confluência, em Saint-Alban, de histórias e pessoas muito diferentes.

Eu já era um estrangeiro em Saint-Alban, um camponês do Danúbio. Mas foi a Resistência que, além da diversidade imposta pelos *pacientes*, criou a variedade do ambiente, dos *trabalhadores de saúde*, que, aliás, eram "cuidadores-cuidados".

As freiras, por tanto tempo isoladas do mundo, foram reintegradas às malhas de uma sociedade abalada pela guerra. Elas cuidavam dos resistentes feridos.

/ Coiffés d'absence et déchaussés / N'ayant plus rien à espérer / Les inconnus sont morts dans la prison. // Leur cimetière est un lieu sans raison."

13 N. T.: Gévaudan é uma região histórica localizada no sul da França, na atual região de Occitanie. Ficou famosa no século XVIII pelo grande número de ataques de lobos ou de uma suposta "besta" que aterrorizou a população local.

Eu tinha duas especialidades: converter, se possível, comunistas em comunistas e religiosas em religiosas. Isso porque a maioria dos católicos não é realmente católica. Não tenho nada contra pessoas que se identificam como católicas ou comunistas. Sou contra aqueles que se dizem comunistas e são radical-socialistas ou funcionários públicos; e sou contra as religiosas que acreditam ser o que são, quando, na prática, são apenas funcionárias da Igreja.

Parte de meu trabalho consistia em ajudar a transformar as pessoas no que elas realmente eram, para além do que pareciam ser, do que acreditavam ser e de seu "eu ideal".

Até mesmo os pacientes eram confrontados com a realidade da guerra e sabiam que no terceiro andar do castelo estavam escondidos os resistentes.

Eles estavam igualmente escondidos. A palavra *asilo* é muito boa! Prefiro a palavra *asilo* a *hospital psiquiátrico*. Não sabemos exatamente o que hospital psiquiátrico significa. Entretanto, *asilo* quer dizer que alguém pode se refugiar lá ou ser forçado a se refugiar. Gentis disse que cada um carrega os muros do asilo dentro de si. É como uma barreira protetora, a "clivagem" de Melanie Klein. Assim, os muros protegiam os *pacientes* dos malefícios da sociedade.

Hélène Tosquelles havia acabado de chegar a Saint-Alban, depois de atravessar os Pirineus sozinha com sua primeira filha.

Saint-Alban foi um dos poucos, senão o único hospital psiquiátrico na França onde a fome, essa "exterminação suave" que matou mais de 40 mil[14] pacientes durante a guerra, não ocorreu.

Conforme observado por Jean Oury, a questão da sobrevivência foi totalmente didática. Os pacientes, as enfermeiras e até mesmo o administrador e os médicos

---

14 N. T.: Existe uma discrepância em relação a esse número, já que na transcrição consta "30 mil", mas no áudio menciona-se "40 mil". Optei por manter a versão citada por Tosquelles no áudio.

lutavam contra a fome, saindo do hospital para buscar manteiga e nabos de camponeses locais em troca de alguns serviços prestados.

Não colocamos os *pacientes* em contato com o mundo externo para fazer a guerra, mas para promover um mercado alternativo. Organizamos exposições de cogumelos para ensiná-los a colher. E, como havia cupons de alimentação para *pacientes* com tuberculose, inventamos um serviço para eles. Quando alguém começava a apresentar edemas por causa da insuficiência, fazíamos um diagnóstico de tuberculose. Houve uma série de eventos que, em última análise, levaram a guerra a chegar em boa hora... e consigo a Resistência.

Em 1940, Saint-Alban era um lugar miserável, sujo e superlotado. Os pacientes raramente saíam. Apenas vinte guardas e algumas freiras garantiam a vigilância e a sobrevivência.

O primeiro paradoxo da psicoterapia institucional é que ela foi elaborada num asilo em ruínas de uma região desfavorecida.

O desafio, tido como impossível, era cuidar de pacientes psicóticos utilizando a psicanálise. Sem divã e sem contrato verbal imposto. E isso seria feito nos lugares onde eles se encontram em grande número, como hospitais e outros locais de isolamento e segregação.

A segunda ruptura diz respeito ao fato de que o hospital secreta o próprio sintoma, confinando trabalhadores da saúde e pacientes[15] *numa patologia crônica. É necessário tratá-lo com urgência. É preciso derrubar os muros, remover as grades e as fechaduras. No entanto, isso não é suficiente. É preciso analisar e, sobretudo, combater os*

---

15 N. T.: Em francês, *soignants* se refere aos cuidadores, trabalhadores da saúde, inclusive o administrativo do hospital, ou seja, aqueles que prestam os serviços de saúde. *Soignés*, por outro lado, refere-se aos pacientes ou pessoas que recebem os serviços de saúde.

poderes, as hierarquias, os hábitos, os feudalismos locais e os corporativismos.

"Nada é óbvio", tudo é pretexto para reuniões. É fundamental consultar cada um e permitir que todos decidam. Isso não é apenas uma questão democrática, mas uma conquista progressiva da palavra e um aprendizado recíproco de respeito. Os pacientes devem poder intervir sobre suas condições de moradia e cuidados, bem como sobre os direitos de trocas, de expressão e circulação.

O terceiro princípio é a revolução permanente. O trabalho nunca está terminado, e é necessário transformar um estabelecimento de saúde em instituição e uma equipe de trabalhadores da saúde em coletivo. Isso envolve a elaboração constante dos meios materiais e sociais e das condições conscientes e inconscientes de uma psicoterapia. Isso não é feito apenas por médicos ou especialistas, mas por um agenciamento complexo em que os próprios pacientes têm um papel primordial.

O ser humano é alguém que se desloca de um espaço para outro. Ele não pode permanecer no mesmo lugar por muito tempo. Ou seja, o homem é sempre um peregrino, um sujeito que vai para outro lugar. O trajeto é o que realmente importa.

O Clube, por sua vez, era um espaço em que as pessoas das diferentes *alas* do hospital podiam se encontrar e estabelecer relações com o desconhecido, o incomum, o inabitual e o surpreendente. A partir desse momento, o discurso e as ações [dos membros do Clube] não eram mais limitados pela vida interna da ala hospitalar; o importante era se libertar da opressão imposta pelo chefe de ala! Por outro lado, o psiquiatra que se prende em sua própria psicopatologia também acaba tornando o mundo prisioneiro dela. É por isso que, como se diz em La Borde, é necessária uma liberdade de passeio para poder ir de um lugar a outro. Sem essa vagabundagem, esse "direito à vagabundagem", como Gentis um dia proclamou, não se pode falar em direitos humanos. O primeiro direito humano é o direito à vagabundagem. O Clube era um lugar onde os vagabundos podiam se encontrar, o local de uma prática e de uma teorização da vagabundagem, da eclosão, da desconstrução-reconstrução. Primeiramente era preciso se separar de um lugar para ir a outro, para se diferenciar e encontrar os outros, os elementos ou coisas... O Clube era um sistema de autogestão, se preferirmos utilizar essa linguagem. Exercíamos a autogestão na prática. Uma das principais atividades era o comitê editorial do jornal, o lugar de psicoterapia coletiva mais importante do hospital. O jornal se chamava *Le Trait d'Union* [O Traço de União].

A experiência de Saint-Alban foi registrada no filme intitulado Images de la folie *[Imagens da loucura], dirigido por Mario Ruspoli. Numa cena desse filme, é possível assistir a uma reunião do comitê editorial do Clube, em que um paciente diz: "Você tem aquele poema que eu lhe dei? Vou lê-lo, se você permitir. Chama-se 'La victoire de Samothrace' [A vitória de Samotrácia]. Foi por isso que disseram que eu era louco.*

*Ela fende o azul. Vê-la,
é difícil acreditar que tenha saído
das mãos de humanos.
Não que o humano não seja capaz do admirável,
mas – e eu não sei de onde vem
essa certeza – há algo nela
que ultrapassa a obra humana. Um traço,
uma linha, uma luz que sai dela, retorna a ela
e a irradia. Ela não é criada, ela cria.
Ninguém diria
que a montanha Sainte-Victoire, onde Cézanne
passeou com seu olhar admirável,
foi sua obra.
Mas a vitória de Samotrácia
só pôde ter saído das mãos dos Deuses."*

A *art brut*[16] é uma forma de produção espontânea realizada pelos *pacientes*. Geralmente, é algo que eles fazem sozinhos. Ademais, quando cheguei a Saint-Alban, Forestier, que era muito conhecido, já havia inventado isso. Naquela época, no hospital, embora houvesse um muro, havia duas portas, uma na entrada e outra aos fundos; e essas portas – pelo menos uma vez por semana ou por mês, já não sei mais – ficavam completamente abertas para que os camponeses que iam para a feira e passavam [pelo hospital] com suas vacas pudessem evitar o cansaço. Forestier fazia seus barcos, seus pequenos marechais, colocava uma exposição no caminho, e as pessoas de Lozère, ao passarem, trocavam suas obras por um maço de cigarros ou alguns trocados. Eles compravam a *art brut* dele. Era importante transformar essa *art brut* em mercadoria. Naquilo que foi erroneamente chamado de "socialização", é preciso saber superar o exibicionismo para encontrar o outro. Não faz mal se exibir. Hoje estou me exibindo; e estou contente, pois isso me permite encontrar você.

No filme La fête prisonnière [A festa prisioneira], dirigido por Mario Ruspoli no hospital de Saint-Alban, há uma cena em que um paciente caminha pela festa anual dizendo: "Não tenho ninguém no mundo. Estou sozinho. Talvez eu seja um pouco louco, pode ser, como dizem. Mas eu realmente me pergunto se existem loucos, se existem doentes mentais em toda parte. Não acredito. Talvez tenham sido esquecidos pelo mundo, abandonados por todo o mundo".

Quando a gente anda pelo mundo, o que importa não é a cabeça, mas os pés! É preciso saber onde colocar os pés. São

---

16 N. T.: No sentido literal, "arte bruta" ou "arte crua". Trata-se de um conceito inventado pelo artista francês Jean Dubuffet (1901-1985) na década de 1940 para designar produções de arte não influenciadas pela cultura hegemônica ou feitas por imposições do mercado. Ou seja, ele inventou essa designação com base na arte criada por artistas autodidatas e marginalizados pela sociedade. Dubuffet visitou Sain-Alban ao final da Segunda Guerra Mundial.

eles os grandes leitores do mapa do mundo, da geografia. Não é sobre a cabeça que você anda! Os pés são o lugar de recepção do que virá a ser o tônus. É por isso que toda mãe começa fazendo cócegas nos pés. Trata-se de ficar em pé, de fazer uma distribuição do tônus para ir a algum lugar. Mas é com os pés que se chega lá, e não com a cabeça!

Com base na experiência de Saint-Alban, fica evidente a impressão de que a vida pessoal dos trabalhadores da saúde se entrelaça com a vida profissional. A psicoterapia institucional prescreve conviver com os loucos?
Sabe, é como as histórias de amor. Existem atos de amor em que um único momento é suficiente para durar toda uma vida. É necessário viver com os *pacientes*; mas isso não implica permanecer no hospital psiquiátrico dia e noite para viver com eles. Vivo constantemente com eles, eu os habito, eles me habitam. Meus primeiros *pacientes* ainda estão vivos em mim. Talvez a melhor forma de conviver com eles seja justamente se distanciar.

Em Saint-Alban, não havia um só *paciente* agitado em 1950, mesmo sem utilizarmos nenhum medicamento contra a agitação. A gente cuidava da *rede*. Infelizmente, entre 1950 e 1960, descobriram os chamados tranquilizantes, ou algo parecido. A partir daquele momento, os psiquiatras disseram: "Ótimo! Não precisamos mais nos preocupar com a relação, o narcisismo, o erotismo", nem com a rede, por assim dizer. "Basta dar a *pílula*." Eles caíram, voluntariamente, nessa armadilha. Ficaram felizes: "Agora, graças aos tranquilizantes, poderemos ter relações com a 'pessoa' do paciente e poderemos falar como na escola: 'Vá para a direita, vá para a esquerda, vá para cima!'"... Enfim, era como ser um pastor que bate no rebanho com um bastão.

Após Saint-Alban, a psicoterapia institucional encontrou apoios em muitos estabelecimentos públicos e privados. Entre esses vários locais de cuidado e pesquisa voltados para o tratamento das psicoses, destaca-se a clínica

de La Borde, liderada por Jean Oury e Félix Guattari, que, para Tosquelles, é sem dúvida o lugar que melhor perpetua sua proposta.
É curioso, mas, na França, tornei-me um francês ilustre, Cavaleiro da Saúde Pública ou sei lá o quê... E em minha terra natal, na Espanha, onde quase me mataram, tornei-me um Filho Ilustre. Francês, mas Filho Ilustre de Reus. Os mesmos que quiseram me matar me condecoraram. Se eu fosse morar lá, seria expulso a pauladas. Nunca pretendi voltar a Reus. Até que fui eficaz, porque sou um *estrangeiro catalão*. Sempre digo que é preciso ser estrangeiro. Agora sou estrangeiro na Catalunha. E é por isso que sou eficaz.

Sinto mais tristeza pela perda de Saint-Alban do que pela perda da Catalunha ou da Espanha ou mesmo de meus pais. Meus pais estão enterrados em Saint-Alban. Me dá um aperto no coração... Não sou partidário de honrar ou erguer túmulos... Mas a destruição do cemitério de Saint-Alban e o desaparecimento dos corpos vivos de meu pai, minha mãe e minha tia me dói no coração. No entanto, isso me permite perfeitamente admitir que se possa falar de Saint-Alban e da terapêutica institucional como se eu não tivesse existido.

Citação de François Tosquelles: "Até cerca de 1914, pensava-se no efeito salutar da tomada de consciência. Dizia-se que o sujeito precisava se tornar consciente de seus problemas inconscientes, desconhecidos para si mesmo. Tão logo a verdade assim conhecida fosse formulada, o sofrimento desapareceria. Antes de 1930, Freud se desencantou com relação a isso e, se eu tivesse que profetizar, diria para o proletariado se dedicar ao inconsciente, e não à tomada de consciência".

POLÍTICA E PSIQUIATRIA[1]

Tratarei do tema de nosso encontro em Milão, fazendo digressões de acordo com a experiência clínica. Não penso que vou surpreendê-los muito, se, sem espanto, chegarmos rapidamente ao que constitui o eixo do carrossel onde giram os cavalos de madeira da psiquiatria, da psicanálise e da política.

Primeiro, recordarei o que foi relegado às profundezas do esquecimento, onde parece que o homem muitas vezes permanece.

Conforme um eminente pensador grego, o homem é um animal político. No entanto, hoje em dia, entre nós, alguns até esquecem que o homem é um animal. É surpreendente que isso ocorra entre aqueles cuja vocação e profissão é tratar de outros homens em estado de sofrimento, pois *a priori* ouviram falar de ciências naturais e têm algumas noções de biologia.

É verdade que, como contrapartida desse esquecimento, com a atual separação acadêmica entre a neurologia e a psiquiatria, em nossa prática, o corpo voltou ao primeiro plano – talvez para poder manter um mínimo de distância daqueles que durante séculos se dedicavam à cura das almas como sua profissão.

Do corpo sacrificado ao corpo promovido, o que é prometido à glória – às vezes por meio de "*sophrodécharges symboliques*" [sofrodescargas simbólicas], às vezes por meio de auto e heteromanipulações mais ou menos lógicas – ou o que é elidido, esse é o ponto de partida: que somos animais e, por favor, animais políticos!

No entanto, é igualmente verdadeiro – quero dizer, simplesmente constatável – que, nos meios culturais e de ação

---

[1] Milão, dezembro de 1976. Transcrição de Martine Touron Jacques Dupuy e Maïté Pezzot – I. R. Charta, 31780, Saint-Loup Cammas.

"psiquista" de hoje, facilmente percebemos que esquecemos, em nossas práticas, a dimensão e os efeitos da política nos comportamentos dos pacientes e profissionais de saúde.

Entretanto, deve-se ressaltar que, nessa eventualidade um tanto estereotipada, o conceito de animal político perdeu sua unidade operativa da qual emerge o movimento da coisa. O conceito desse questionamento não suporta nem suportaria a negação de qualquer um dos dois termos envolvidos.

Mas, evidentemente, há os esquecimentos. Os esquecimentos da psiquiatria (que vão, aliás, desde as façanhas da demência senil até aquelas que se instalam ou se estabelecem em estabelecimentos ou campos de concentração dedicados ao reforço da segregação racista dos verdadeiros ou falsos doentes mentais) não são exceção à regra. Esquecemos, talvez porque pareça trivial, que o homem, todos os homens, pacientes ou profissionais de saúde, são animais políticos em ação.

Um esquecimento surpreendente que se instala entre os profissionais de saúde, apesar dos avanços óbvios naquilo que se capta durante o mais simples interrogatório clássico, feito aos pacientes, quando se pretende escrever "suas histórias clínicas". Não menciono aqui o que se poderia deduzir da simples observação do aqui e agora dos pacientes em situação de tratamento..., mais ou menos agrupados nas chamadas unidades de tratamento.

Como poderia não haver dúvida, entre ambos, da qualidade política da existência humana, quando sabemos que o homem, cada homem, vive, se desenvolve e desaparece entre, com, abaixo, sobre, na frente e atrás de outros homens? O fato de esses outros serem mais ou menos conhecidos ou desconhecidos, mais ou menos definidos ou disfarçados pelo próprio estatuto e posição social, acrescenta nuances muitas vezes estridentes e às vezes abafadas à existência concreta e particular de cada paciente. Todavia, esses ruídos e silêncios nunca apagam os efeitos da interação quando são derramados em suas vidas e perturbam sua existência como animal político em sofrimento.

Vejo que estou indo longe demais sem perceber que não são apenas os franceses que usam e abusam da polissemia das palavras.

Na verdade, o que significa a palavra política? Obviamente depende (como todas as palavras) dos ouvidos que as captam e do contexto em que a palavra encontra seu lugar. Parece-me, porém, que se pode, *a priori*, atribuir à palavra política efeitos de provocação que, ao que parece, assim que ela surge, não facilitam o estabelecimento de diálogos operatórios.

Portanto, devo dizer que, ao escrever este texto e para não confundir as cartas ou as perspectivas de quem me dá a honra de me escutar, vou privilegiar, se possível com discernimento, os frutos de minha própria escuta, um tanto atenta às pessoas com as quais procurei dialogar nos diversos contextos em que tive de cuidar delas. Com ou sem razão, privilegiarei aqui a perspectiva que se abre por meio da prática clínica.

Uma vez que proponho que me ouçam e, quando necessário, sigam-me no meu percurso, terei de compartilhar algo pessoal sobre mim. Devo dizer a meu respeito que, se, com alguma pretensão, considero que meu papel de psiquiatra se libertou das garras de certo egocentrismo, penso que, felizmente, tanto para mim como para os pacientes aos quais pude acompanhar, continuei a recorrer às fontes de narcisismo com as quais meus ouvidos estavam entupidos. Não é necessário argumentar aqui que o egocentrismo não é exatamente a mesma coisa. Aqui, em Milão, foi necessário insistir nessa diferença não apenas por causa da operatividade problemática do narcisismo do terapeuta como também por causa da relação do narcisismo com o que muitas vezes é chamado de objetivos e políticas adjacentes.

Para mim, de qualquer forma, é evidente que o narcisismo desempenha um papel e não pode ser retirado do jogo da condição humana. Digamos, *a priori*, que desempenha um papel positivo e que seria uma estupidez ignorar ou esconder suas ramificações e seus resultados.

Mesmo a caminho dos labirintos de espelho, quando o narcisismo não encontra a morte nas primeiras curvas de seu percurso, sempre nos faz farejar estratégias políticas.

De todo modo admito que na prática médica não podemos prescindir de uma abordagem fundamentalmente estratégica em cada um dos planos em que o projeto terapêutico se inscreve.

Entretanto, é igualmente verdade que o narcisismo, com os desvios que nos sugere, não se encontra facilmente com os outros. É por isso que, com certa prudência, ousarei apenas dizer que ele não pode enfrentá-los com essa abordagem. Acrescentaria ainda que isso não deixa de ter algum benefício secundário para aqueles que se encontram, notadamente, no nível do processo de singularização, sempre em jogo e em questão, mesmo no processo, na prática psiquiátrica.

Trata-se, se quiserem, de falar da operatividade do homem em desenvolvimento – ou do homem em estado de crise existencial – com outras palavras, de operar uma escolha narcísica de objeto, em vez de ser engolfado por escolhas analíticas e fusionais. Há uma nuança a ser apreendida aqui, com os projetos terapêuticos que visam, diz-se, fortalecer o eu e, é claro, com os projetos de adaptar a todo custo o homem a seu entorno, ou mesmo à Sociedade.

No entanto, não é raro, nem nos aspectos teóricos nem nas consequências práticas de qualquer psicoterapia, que venhamos a confundir egocentrismo e narcisismo. Encontramos esse tipo de confusão com seus riscos de mal-entendidos nas raízes, no tronco, nos ramos, até mesmo nos frutos daquilo que podemos constatar ou adivinhar sobre o que é possível chamar de vocação do político.

Sem dúvida, é nas atividades manifestamente políticas que os movimentos diferenciais entre o jogo narcisista e o egocentrismo florescem, explodem ou se escondem – na maioria das vezes com estranheza. Sem escutar, isso resulta, parece-me, da própria qualidade do campo em que se desenvolvem as chamadas atividades políticas, ou seja, do espaço "público" em que essa vocação se inscreve.

A história, aquela que escrevemos com H maiúsculo, revela alguns desses desenvolvimentos narcisista-egocêntricos entre políticos de destaque, sendo influenciada por eles. Sem dúvida também entre os políticos de menor destaque, sejam profissionais ou amadores. Para eles, as armadilhas dos cantos de sereia são mais difíceis de evitar nesses campos em constante expansão. Evocamos a esse respeito e com certa relevância os delitos do "fascínio do poder" e de seu exercício, que, diz-se, por vezes conduz a uma verdadeira toxicomania do poder com seus "estados de ânsia" e suas passagens ao ato. Jung apresentou, a propósito disso, a noção de inflação psíquica. Em todo caso, infelizmente não é excepcional ver que, de miragem em miragem, o político atira e conduz uns e outros por caminhos de catástrofe, em que o público e o privado se encontram numa confusão de destinos exageradamente multiplicados e generalizados. Honra [*Honneur*] e Horror [*Horreur*] rimam com a grandeza e os infortúnios das situações geradas.

Ensaios de análises não egocêntricas, de forças ou pulsões em jogo (ao explorar modelos marxistas ou freudianos) procuram, no entanto, às vezes, iluminar os percursos da coisa humana, para além das aparências e do som das fanfarras habituais.

Parece óbvio, no que diz respeito às vocações e às atividades políticas, que em nenhum lugar se conseguiu dominar as "forças econômicas", mesmo quando nos tornamos senhores de um Estado qualquer. No entanto, serei mais otimista em relação às práticas psicoterapêuticas. E isso simplesmente porque podemos saber, *a priori*, que não há "nada" que controle as chamadas forças psíquicas durante o processo de tratamento.

Sem dúvida, graças à psicanálise, fomos capazes de nos afastar dos propósitos de Dom Quixote ou de Joana d'Arc em nossas atividades, que ainda assim envolviam nossa presença no processo de cura. Não sem razão, isso se dá de forma diferente nas atividades "políticas", que podem ou não ser as nossas.

É verdade que, mesmo no campo da psiquiatria, e infelizmente também da psicanálise, existem em todo o mundo profissionais de saúde – psiquiatras, enfermeiros e especialistas em reabilitação – que fazem seu espetáculo nos circos, onde encontram emprego como domadores de grandes feras ou pulgas... à escolha entre J. Richard e Max Linder.

O conceito antropocêntrico de "força" que Newton empregou para explicar a lei "posicional" das massas e distâncias nos fenômenos de gravitação – e que ele formulou algebricamente, como lhe convém – continua a percorrer as ruas e as praças, as cabanas e os palácios, as escolas e, infelizmente os laboratórios de pesquisa científica, sem falar do campo das terapias "bioenergéticas".

Não é de se espantar que esse subterfúgio, presente até mesmo no discurso usual sobre a física, também é prevalente quando se trata das posições e das distâncias dos objetos nas constelações inter-humanas em constante movimento, nas quais nós mesmos estamos envolvidos. A partir daí estamos prontos para pesquisar e para procurar, para evocar e se preocupar com essas forças que, mágicas e misteriosas, são sempre enganosas. Entramos plenamente num discurso de quem sofre ou aplica essa força.

Sem sair da clínica mais banal e dos sucessos publicitários que sempre a acompanham, penso primeiro – porque já estou velho – na já obsoleta psicastenia, até mesmo na neurastenia e em suas atuais variações sinfônicas. Isso compreende desde o chamado esgotamento de forças por excesso de trabalho escolar até as jornadas de trabalho abusivas. Desnecessário mencionar isso que invadiu quase todo o campo da prática psiquiátrica sob o termo de depressão – depressão aqui, depressão ali e assim por diante. O que pressiona ou deprime? O que acontece com a "energia psíquica" fora de uma apreensão "posicional concreta" das "massas" ou "elementos" humanos em jogo?

Na tentativa de recentrar alguns aspectos clínicos daquilo que chamamos de animal político, vou retomar a questão do esquecimento e da memória curta, de que falava há pouco. Talvez alguns idosos, especialmente quando estão na política, sejam muito propensos a falar sobre os transtornos de memória dos outros.

Sem dúvida, as conotações do discurso histórico do marechal Pétain aos franceses em 1940 situaram-se no contexto do Armistício e, portanto, de uma evitação mais ou menos consciente por parte de todos do perigo de morte, e até mesmo da perda de bens e da terra nutritiva.

É verdade também que nesse discurso não encontramos nenhuma referência, nenhuma alusão às amnésias lacunares de fixação, evocação ou retrógradas da clínica psiquiátrica. Aquilo que é da conta da psiquiatria não faz parte dos interesses dos políticos.

No entanto, parece-me que a prática psiquiátrica deve reconhecer sua dívida com Pétain, por sua contribuição, ainda que involuntária, em lembrar aos psiquiatras e até mesmo aos neurologistas que não se pode considerar os transtornos de memória dos pacientes como exclusivamente dependentes do estado material ou funcional do sistema nervoso central.

Na verdade, Pétain dizia aos franceses que a morte – especialmente a morte violenta de um ser humano – tinha algo a ver com a amnésia, ou seja, com a memória das confabulações. Isso é melhor do que a tautologia atual "mensuráveis deteriorações".

A anedótica da clínica, à medida que mergulhamos naquilo que foi esquecido ou apagado, não parece contradizer a hipótese que propomos e que de certa forma orienta a nossa escuta. Muitos esquecimentos são verdadeiras sepulturas para assassinatos que cometemos ou, melhor dizendo, que fantasiamos. Voltaremos a esse ponto.

Para além do valor indicativo das multiplicações estereotipadas dos memoriais aos mortos em nossas cidades e vilas, e dos efeitos comemorativos dos ritos de Todos os Santos (se quisermos limitar o campo aos falecidos da família), como não mencionar aqui o trabalho de luto? Sabemos que Freud, o primeiro, investigou a notória insuficiência desse trabalho com os melancólicos e observou (e isso se verificou por toda parte) que tal insuficiência do trabalho de luto estava em parte ligada não apenas com a perda do objeto amado como também com a violência ou as violências mantidas entre o vivente e o morto, com os desejos, em suma, de assassinato do vivente.

Desde então, conhecemos o papel central, mais do que organizador, do trabalho de luto. Isso não é exclusivo dos melancólicos. O trabalho de luto está presente e atravessa todo o desenvolvimento psíquico. Sabemos que ele facilita até mesmo o que chamamos de equilíbrio psicológico; e também lhe devemos, ao menos em parte, o progresso e muitas vezes o enriquecimento de cada um de nós..., inclusive do grupo social envolvido. A impaciente espera da morte do idoso, ou até mesmo seu discreto assassinato, não era, no entanto, um segredo absoluto em nossas áreas campesinas.

O mundo concorda que Freud era pessimista, até depressivo, e com isso evitamos considerar seriamente a possibilidade de que todos nós sejamos assassinos em potencial – ou pelo menos em fantasia, é claro. Evidentemente, acredita-se também que podemos escapar do trabalho de luto e de suas incertezas, que frequentemente esbarram em impasses mais ou menos trágicos. O assassinato, mesmo na fantasia, não é suportável por um indivíduo unicamente. Ele só pode ser empenhado pela ação, ou "em nome de um grupo intersocial" que codifica seus procedimentos. Seja como for, a separação ou a perda do objeto (pelo menos para o ser humano e seu processo de singularização) não é um fenômeno fatalmente negativo. Parece, antes, que a clínica nos mostra *a contrario sensu*, que os efeitos da perda se tornam um motor do desenvolvimento.

Repito: um trabalho de luto desse tipo, por mais útil que seja, nem sempre corre bem, especialmente quando questões conscientes ou inconscientes de homicídio (ou sentimentos de culpa, dizem) se entrelaçam.

Portanto, "políticas" de esquecimento ou encobrimento são bem-vindas aqui, pelo menos para adiar as dificuldades desse trabalho. Amnésia e denegação se tornam comportamentos analgésicos; sem dúvida menos custosos e mais discretos para o narcisismo ferido do que as memórias dolorosas, as tempestades de movimento ou mesmo a elaboração de demandas reivindicativas, verdadeiras "moções" de protesto projetivas pelos quais certos valores mantêm a ferida aberta ao fluxo de narcisismo que escorre de suas feridas. E isso, graças a uma erotização secundária desse processo.

Mas mesmo e principalmente no caso das amnésias e dos esquecimentos, parece-me justificado (embora socialmente obsceno) questionar o que precisamente a amnésia procura encobrir.

Consideraríamos uma hipótese absurda pensar que o esquecimento serviria para encobrir os bons momentos de nossa experiência vivida, os momentos marcados pelo gozo. Se, de fato, ocorre um esquecimento dos chamados momentos de felicidade, isso nos parece secundário; ou seja, vai além do objetivo primário que lhe era dirigido: o esquecimento de algo ruim. É verdade que aqui, como em outros aspectos da neurologia clínica, as irradiações em camada das "ondas supressivas ou inibidoras" podem arrastar tudo para as ondas do esquecimento.

Já adiantei e repito sem rodeios, mesmo que isso provoque alguma contra-agressividade. Afirmo (e não sou o único) que se trata de assassinato, mesmo que mais ou menos fantasiado, mais ou menos negociado, trata-se de assassinato de um vizinho ou até mesmo de alguém amado.

Parece-me que, se não levarmos em conta o fato de que todo agrupamento inter-humano sempre "posiciona" pelo menos três pessoas, a qualidade que cria vínculo (e também ruptura no grupo) é mais a agressividade que o amor. As condições de institucionalização da prática psicanalítica facilitam, sem dúvida, a evocação ou a recordação de fantasmas mais ou menos eróticos, como acontece em qualquer vínculo a dois. Isso não acontece da mesma forma nem na vida cotidiana, nem nas psicoterapias de grupo, nem nas atividades políticas, nas quais se coloca desde o início a questão da coexistência problemática entre três. Não é necessária uma "regressão" específica para que o pressuposto básico (como diriam Bion, Pichon e outros mais ou menos kleinianos) surja na forma de angústias esquizoparanoides. E podemos dizer que nesse nível, como na própria vida, quando surgem angústias depressivas é porque já existiu, dentro ou fora, o cadáver de uma vítima imolada.

Evidentemente, o eros do grupo intervém em seu próprio processo de articulação, mas eu diria que intervém de forma abstrata, distanciada da materialidade imediata das experiências concretas, reativas às presenças dos outros. Podemos falar de um mecanismo de defesa por idealização, devaneio ou ideais abstratos.

Contudo, parece-me importante sublinhar que, para nós, essa não é uma tentativa de totalização do grupo por meio de uma apreensão intelectual satisfatória. Nem mesmo quando essa totalização se justifica pela participação num objetivo consciente ou operatório comum e muito preciso. Essa totalização erótica do grupo, unido, se quiserem, por um interesse comum, é estabelecida e mantida como tal em sua função primária de denegação do assassinato, que passa a ser o verdadeiro objeto de transações no grupo. Deus, a Pátria, uma família tão concreta, um certo partido ou um projeto em comum comum têm, sem dúvida, efeitos de coesão ideal, ou melhor, idealista. Mas essa ligação de "eros de grupo", por sua vez, não resiste aos fatos apenas deslocando a morte, ou melhor, o crime para outro lugar (para o silêncio, como Freud provavelmente diria).

Qualquer que seja a veracidade histórica, no real, do discurso freudiano em *Totem e tabu*, sua verdade fantasmática na "realidade psíquica" atuante permanece válida. Para nós, isso deve ser estendido ao aqui e agora de qualquer situação inter-humana, sem focalizá-lo de maneira predominante e exclusiva no parricídio.

No encontro entre duas pessoas (amoroso ou destrutivo), de fato, não há um "mais um". Em vez disso, trata-se de que um consome, incorpora ou subjuga o outro, que, portanto, nunca existe como tal. O nascimento do outro (os primeiros passos em direção à sociabilidade e à singularidade de cada um) não aparece no grupo pela introdução na díade de um terceiro. De nada adianta refazer aqui um novo desenho do complexo de Édipo, se este se reduzisse apenas a isso. O que mereceu a atenção e o interesse das multidões foi, sobretudo, a proibição incestuosa e suas transgressões. Para mim, isso foi feito para melhor esconder onde se situa a proibição: o assassinato do próximo. É assim que se estabelece a negociação dos fantasmas de morte na vida concreta dos agrupamentos inter-humanos. As visões hipotéticas sobre as alianças pulsionais têm seu valor pragmático; elas se tornam, estritamente falando, delirantes na teorização quando nos oferecem uma batalha de Titãs ou uma relação monstruosa entre dois gigantes abstratos: mencionei, é claro, Eros e Tânatos.

Sabemos, com o Édipo de qualquer folhetim de banca de jornal, que matar o pai seria, se necessário, explicável, até digno de perdão, pois seria por uma boa causa. O que não faríamos por amor? Até mesmo dormir com a mãe pode fornecer uma boa motivação para o assassinato, como sugerem alguns apreciadores da psicologia analítica. Aqui, além disso, há uma explicação racional ou afetiva satisfatória. O que não faríamos para satisfazer um desejo erótico urgente!

Na verdade, assim que a lenda de Édipo foi propagada e assumida em nossa cultura jornalística (digamos mesmo no cinema ou na televisão), as piscadelas das insinuações pornográficas passam em contraponto ao que escondem.

Todavia, a título de informação, recordarei aqui o que aconteceu na França com a publicação de certas obras de psicanalistas. Penso primeiro no que diz B. Castets, a saber que, mesmo na lenda (e às vezes hoje em dia), muito antes de Édipo regressar a Tebas, Laio havia tentado matar o filho. O acidente na estrada ou até o casamento de Édipo e Jocasta foram, de certa forma, secundários ao gesto assassino de Laio.

Ao lembrar isso, Castets não causou uma indignação geral. Pouco se fala disso, nem entre o Conselho da Ordem dos Médicos, nem entre alguns psicanalistas. É triste, mas óbvio. A política tem razões que podem justificar – por que não? – o infanticídio. Não é possível ser rei e fingir que tem as mãos limpas.

Já quando Maud Mannoni ousou falar sobre fantasias assassinas da mãe as reações foram distintas; embora, com ou sem razão, ela tenha limitado suas observações ao contexto de pessoas com deficiência mental – na verdade, às crianças, que estavam, portanto, condenadas a uma não existência singular ou personalizada. Aqui, o clamor foi geral. Embora eu lembre de ter ouvido um magistrado explicar por que o infanticídio materno não era mais considerado crime na França. Em todos os Tribunais de Justiça, disse-me ele, o Júri considerava a mãe irresponsável... um momento de loucura: os magistrados, para poderem punir de alguma forma essas mães encantadoras, decidiram considerar isso um delito.

Volto com Bion para a posição esquizoparanoide dos grupos, incluindo obviamente o grupo familiar. É assim que funciona em todos os lugares: o assassinato, a separação, a rejeição adquirem no grupo uma função de volante, por assim dizer, muito útil. Existem casos em que se pode até observar um mecanismo alternativo bem azeitado, em que se vê a mãe e a criança se unirem em cumplicidade na exclusão ou no assassinato contra o pai, assim como, um minuto depois, o pai e a mãe se unindo para descartar ou "matar" a criança, para depois se envolver em uma terceira possibilidade, quando "fatalmente" o pai e a criança se unem, afastam ou falam mal da mãe, que é então de fato assassinada na fantasia. A clínica nos mostra muitos conjuntos familiares em que esse jogo ocorre de forma pior, de maneira forçada, bloqueada ou estereotipada. Searles e as equipes da Mayo Foundation em Chestnut Lodge e em Palo Alto com Bateson não deixam de assinalar o esforço contínuo que figuras do entorno dos pacientes – pessoas importantes para eles – fazem para enlouquecê-los. Na minha juventude, falava-se de certos pacientes como "sintomas de um grupo", e não se excluía, por exemplo, que nos hospitais psiquiátricos não se tratava de cuidar de um grupo ou de certas unidades de atendimento quando, na transferência e na contratransferência familiar – aqui consciente –, o grupo de profissionais de saúde insistia em recomeçar os "esforços contínuos" de que fala Searles para manter os pacientes em estado de agitação ou numa neurose institucional.

Com o livro de Searles, vemos que alguns comportamentos chamados psicoterapêuticos têm o mesmo fim dito "inconsciente". E o que pensar, então, de algumas intervenções "políticas" ou "administrativas organizacionais" sobre esse assunto! Digamos de passagem que não basta tirar o paciente do hospital para protegê-lo dos "esforços contínuos" de seu entorno para enlouquecê-lo. A terapêutica familiar é muito difícil, é claro, mas ninguém pode nos isentar de nossa obrigação de realizá-la.

Falo disso incidentalmente, mas, sem dúvida, é da mobilidade das fantasias de assassinato negociadas na família de origem que nascem o que chamamos de boas identificações pós-edipianas. No que diz respeito aos homens, isso é um fato estabelecido.

E é por isso mesmo que o complexo de Édipo constitui a encruzilhada em que se entrelaçam todas as estratégias políticas, e isso desde a primeira infância, mesmo antes da concepção e durante a gravidez... Creio que não surpreenderei ninguém ao lembrar que, além da experiência clínica de algumas psicoses puerperais (pânico ou infanticídios oníricos no nascimento), há um bom número de futuras "boas mães" que temem muito que a criança que estão carregando possa matá-las durante a gravidez ou o parto. Não mencionarei aqui os casos de abortos espontâneos para não parecer um completo reacionário diante de vocês.

Dizem que a pulsão de morte é silenciosa. Na verdade, nessa frase se condensa, por um lado, a constatação tradicional sobre o silêncio dos órgãos, que em seu trabalho "normal" asseguram nossa boa saúde e continuidade, e, por outro, a negação das fantasias de assassinato que entram em jogo, como tais, no movimento fundador de qualquer grupo social. Pode-se dizer, em vez disso, que muitas vezes ela faz muito barulho, até mesmo escândalo, sem falar de vítimas!

Mas é porque ela existe e, por assim dizer, "empurra", que, na prevenção de passagens ao ato (o que, obviamente, impediria a existência e a manutenção de qualquer grupo social e, portanto, a possibilidade de humanização do processo de singularização de cada um), há boas razões para falar de uma proibição pessoal do assassinato. Se há uma Lei que se estabelece e se torna a pedra angular do processo de singularização de cada um, ela é a proibição do assassinato do próximo. É por meio dela que, de sua inscrição e observância, decorre a totalidade da organização ética do homem, na aventura, nos avatares e nos treinamentos que constituem para ele o ser com o *socius*. Não quero dizer que notas eróticas de todos os tipos não se conjugam aqui, tanto nos arpejos do desejo erótico assumido como nos dos desejos reprimidos. No entanto, essa eventualidade, por assim dizer fatal, tão inscrita no genótipo como no fenótipo, permanece sujeita a outras cadências e a outros tipos de proibição. São essas últimas cadências que podem ser apreendidas no plano dos chamados bons costumes e que serão programadas para cada grupo em lugares e tempos específicos de sua existência histórica.

Com essa distinção, procurei apenas dizer que não é no nível dos costumes, das modas ou das regulamentações de circulação pública que se pode encontrar o movimento pulsional nem, sobretudo, o movimento de parada que sustenta toda a ética humana. É no âmbito do assassinato e de suas variantes que podemos evocar com razão o acesso ou não à Lei, concebido, como plataforma de lançamento da singularização do homem, por e nos grupos a que pertencem ou de que passam a fazer parte. (Não voltaremos ao assunto das estratégias políticas sobre o qual já me pronunciei aqui.)

—

No entanto, num meio psicanalítico, não consigo evitar falar sobre o assassinato sem evocar a afirmação muitas vezes inaudível de Lacan, quando, ao falar sobre a problemática estrutural da linguagem, afirma que "a palavra é o assassinato da coisa". Certamente que, como eu mesmo disse – de maneira ingênua, grosseira ou trivial, dependendo de meu modo de comunicação – as crianças não são estúpidas de chamar algo desta ou daquela forma se a coisa em questão estiver presente. Ela precisa desaparecer para poder ser nomeada. Todas as tentativas e erros experimentais das crianças atestam isso, durante o que poderia ser chamado de processo de aquisição de vocabulário. Não apenas o conhecido "*não*" de Spitz como também o "não existe" ou o "já não existe", balbuciado com os poucos fonemas à sua disposição. Chega de papai, mamãe, bebê, tu-tu e assim por diante. O ato de quebrar e arremessar precede toda a dialética de aprendizagem que mais tarde será sustentada pelas emoções e pelo domínio anal e sua dramatização na política e na estratégia inter-relacional da criança. De várias maneiras, podemos falar do assassinato do objeto. Ninguém pode relatar essas experiências assassinas sem uma benevolência delirante à falta de habilidade neuromuscular. Parece-me, de qualquer forma, que isso precede qualquer investimento ou deslocamento sobre esses mesmos objetos, pessoas ou personagens que vêm depois dar-lhes um significado ambíguo em virtude do próprio código que o uso da linguagem promove. Além disso, a linguagem se revela, desde o início da aquisição da fala, como o instrumento pelo qual os fonemas são "semantizados" em seus agrupamentos e "morfologizados". Uma verdadeira serra de corte da percepção das próprias atividades sensório-motoras, como diria Piaget.

O que deve ser considerado sobre esse assunto é que as marcas da serra, os entalhes que as gramáticas finalmente institucionalizam não são os mesmos, por um lado, para cada um dos "marcadores" fonéticos e, por outro, para o conjunto de marcadores gramaticais e semânticos que cada um deles separa. As fronteiras fonéticas, dependentes dos acentos rítmicos da voz, não coincidem com as dimensões gramaticais e semânticas. E mesmo que acreditemos em Jespersen, no que diz respeito ao inglês, haveria uma gramática para ouvir e uma gramática para falar.

Toda essa complexidade que tento reunir aqui em poucas frases implica, obviamente, distanciar a coisa daquilo que poderia ser chamado por seu nome – e do discurso que se pode fazer sobre ela. Isso foi visto nitidamente por F. de Saussure e mesmo antes por J. P. Baudouin de Courtenay. A formulação clássica da barra, sobre a qual o significante desliza e que pode deslizar sobre o significado – sem que isso implique uma estratégia, digamos, malévola ou uma armadilha proposital –, proporciona ao homem, e apenas ao homem entre os animais, pela separação, fragmentação e pelas mutações e permutações da linguagem, a partir do assassinato ou desaparecimento ou afastamento da coisa, a própria possibilidade do desenvolvimento da inteligência discursiva e do pensamento operativo e abstrato.

Parece importante relembrar isso aqui, ainda que se aceite que a frase de Lacan deve ser preservada, pelo menos como epígrafe, quando se pretende abordar a problemática da morte e das amnésias de memória, antes de se aventurar sobre o valor da "comunicação" de informações operacionais precisas e inequívocas que podem ou não ser estabelecidas pela fala.

Além disso, parece-me que não é possível abordar a problemática das "culturas" transmitidas, deformadas ou esquecidas – e consequentemente nem as da história ou da política, ou até as da simples abordagem da inteligência das coisas pelo homem como um ser social – sem situar de forma precisa a dinâmica das pulsões – em particular a chamada pulsão de morte – em suas relações com a linguagem. Nesse nível, o dizer conscientemente *indicativo*, aquele que pode ser formulado de acordo com as melhores regras da lógica formal, não apenas exige a escuta daquele a quem esse dizer se endereça como implica toda uma gama de ecos mais ou menos reverberantes (as *conotações* apropriadamente nomeadas e suas ressonâncias), para os quais a leitura de textos poéticos constitui certo treino. Para que algo passe entre os parceiros, da ordem da comunicação, não basta o alcance indicativo de palavras e frases. Pelo contrário, como dizem, aqui o uso e o "bom uso" da linguagem servem para esconder, tornando a comunicação impossível. E, nessa altura do meu discurso, vocês podem perceber que ninguém precisa se perder com afetos errantes ou com a busca por um novo estilo de sentimentos, (uma busca um tanto ingênua e dolorosa) na qual Antonioni teria mergulhado.

Dissemos muito ou não o suficiente, mas não podemos deixar de insistir no fato de que, para que algo aconteça e se estabeleça entre parceiros, é preciso que algo da ordem da violência e do assassinato se apague antecipadamente. Na melhor das hipóteses, dizem, algo da ordem da amnésia deve se estabelecer.

Alguém afirmou sobre a música, elevada por ele ao nível da "única linguagem comunicativa entre os seres humanos", que ali não se tratava de sons em sucessão ou em movimento, mas sim de silêncios audíveis, separados por sons e ruídos. Seria o silêncio que aqui estaria sendo promovido a uma função comunicativa.

E, de fato, do não dito e do apagado, pelo menos na política ativa, as mãos sujas de Lady Macbeth, entre outras, continuam a escorrer, não importa o que façamos.

—

Se considerarmos ainda a função de esquecimento, esconderijo ou masmorra de muitos chamados centros sociais de cuidado de doentes mentais, não devemos olvidar, por nossa vez, o que parece ser frequentemente esquecido atualmente. Qualquer pequeno erudito seria capaz de lembrar que há muito se evidenciou – com provas suficientes – que os sistemas ou os aparelhos intersociais e de cuidados responderam à estrutura das interações sociais e à estrutura das relações de produção concretas de seu entorno – que deu origem a essa estrutura de cuidado –, com um eco reverberante e muitas vezes distorcido. Seria surpreendente se fosse de outra forma. Os sistemas de troca entre grupos e dentro dos grupos sociais em que os pacientes e os aparelhos de cuidado se desenvolvem seguem, em vez de preceder, essas articulações possíveis; embora não se deva ver isso como um sistema de modelos estabelecidos em espelho, articulados mecanicamente como máquinas construídas sob o reinado dos míopes do estímulo-resposta.

Não é esquecimento de minha parte ter, nesse contexto, deixado de lado um pouco o papel, por mais óbvio e ativo que seja, dos bordados que não surgem por milagre na própria estrutura dos tecidos ideológicos, pelos quais, no entanto, vêm à tona, às vezes em vão, novos grilhões de totalização. Cortinas ou envoltórios igualmente prontos para funções de carnaval como para funções de mortalha. O jogo de esconde-esconde, aqui como em outros lugares, constitui um verdadeiro exercício preparatório para apelos à amnésia e às vezes também aos delírios.

Os supostos malefícios da chamada "neurose institucional" ou das antigas "demências vesânicas" – que, aliás, não devemos esquecer ao abordar questões psíquicas modernas – realmente sustentam muitos projetos autenticamente terapêuticos. Digamos que, por si mesmos, nem sempre devem ser rejeitados.

Desde o benevolente "esqueça as mágoas" ou "distraia-se, senhora" até as curas ou os descondicionamentos do sono, existe todo um espectro de auxílios terapêuticos, que vão dos mais ingênuos e espontâneos até os mais sofisticados.

Talvez seja mais apropriado examinar mais de perto o como e o porquê dessa insistência que, para nós, muitas vezes parece mudar apenas superficialmente. Em particular, parece-nos interessante sublinhar o cortejo de entusiasmos e os decretos repreensivos que precedem ou acompanham tais mudanças.

Não tenho tempo para abordar esse assunto aqui, embora eu perceba que é possível estabelecer concordâncias significativas com a política, e, é evidente, com fenômenos econômicos muitas vezes delicados de mencionar. A ideologia, embora ofereça seus casacos para quem quiser usá-los, de fato infiltra-se em todos os terrenos que se pretendem impermeáveis ou não, mas não vai além de fornecer materiais para processos mais ou menos racionais de elaboração. Às vezes, isso acontece na própria estrutura de formulações teóricas que se afirmam científicas. Felizmente, uma vez que a moda passa, essas teorias científicas são rapidamente esquecidas.

Usamos portanto a amnésia e lutamos contra as amnésias como podemos, inclusive recorrendo aos escritos, pois as palavras se perdem e os escritos ficam. Com os escritos, entrega-se à leitura e ao delírio. A conformidade com os textos aparece como garantia da memória. Nas próprias histórias moldadas pelos historiadores, assim como na elaboração do romance familiar, facilmente se assume um tom de comédia ou de *vaudeville*, em que o assassinato em si não é dissimulado. Podemos navegar pelo nevoeiro do passado e por situações cômicas, sem que nada nos toque de fato. Ademais, com isso, muitas vezes contribuímos para desmobilizar as atividades políticas de homens, as quais são deixadas para especialistas. Tanto pior, diríamos, se com isso não instalássemos os movimentos igualmente políticos de grupos familiares concretos com suas alianças ou disjunções na ignorância dos próprios movimentos, no recurso exclusivo às amnésias, às confabulações e aos delírios; tudo isso servido, se necessário, ao molho do frescor esperado do espontaneísmo. O "toma lá dá cá" dos modelos de "estímulo-resposta" são úteis para problemáticas espontaneístas. Tanto quando elas se baseiam em fórmulas que sugerem uma virgindade original absoluta dos respondentes como quando se pressupõe o automatismo de uma programação genética enrijecida. A exatidão às vezes desejada das reproduções amnésicas sempre se revela inoperante, falsa e até mesmo impossível. Tanto pior se, com isso, parecermos completos idiotas. Na verdade, a busca e as demandas dessa exatidão amnésica, de que a clínica muitas vezes nos oferece amostras caricaturais, facilmente abrem caminho, se necessário através do casaco, para um verdadeiro delírio de reparação igualmente impossível. No melhor dos casos, o tempo realiza seu trabalho de "desconstrução-reconstrução" num conjunto sinfônico de notas humanizantes e singularizantes que compõem a distância e a diferença.

Em seu trabalho, o homem inventa – à mercê dos ventos – as velas de seu barco. Ele transfere valores e os comercializa em cada porto onde ancora. Os jogos de metáforas e metonímias articulam a impossível reprodução do gesto e da gestação com outros homens... assim, porém, a cadeia articulatória do verbo em ato os conecta. Toda cadeia pede sua ruptura para que isso funcione. E não há necessidade de um policial para encadeá-la; não é preciso uma força dissuasiva. O psiquiatra policial é apenas um conceito e uma abstração em voga num mundo como o nosso, onde Freud revelou o papel da transferência nas relações humanas. Mas não é de hoje nem do tempo de Freud que o homem tentou, com prudência e ambivalência, dotar a violência e o assassinato de um estatuto científico, até mesmo paralegal.

Se me permitirem continuar um pouco mais com a minha metáfora clássica que me leva à navegação, acrescentarei que muitas vezes é verdade – quero dizer, mesmo na realidade observável – que aquele que semeia o vento – ou que ama o vento – provoca e às vezes encontra a tempestade. A fala, que na verdade é como o vento e o jogo da navegação, está ligada ao narcisismo.

Embora as técnicas de navegação, transporte e transferência tenham evoluído bastante, ainda existem muitos navegadores solitários velejando, tendo o silêncio posicional como um possível elemento de sua estratégia. [Éric] Tabarly nos forneceu um exemplo disso recentemente. Na clínica, porém, e até em discursos na televisão, ouvimos com mais facilidade falas que, aquém e além das palavras, visam antes de tudo a segurança do navegante. O que é então o canto abafado das nostalgias dos paraísos perdidos que o navegador abandonou em seu processo de singularização e ruptura? O que é, audível ou não, do canto profundo do mar, até mesmo da impotência do homem diante dos elementos descarnados? Como surgem as tréguas de esperança, as calmarias felizes ou o fascínio pelas sereias?

As estratégias políticas, em tempos de guerra ou paz, ainda são frequentemente decididas no mar, e as metáforas anteriores estão enraizadas na história dos homens, embora estes vivam e morram, na maioria das vezes, em terra firme.

Não creio que seja mera coincidência ter sido um grego a afirmar que o homem é um animal político. Em vez de eventos formais nas cidades gregas, isso responde principalmente à experiência daqueles que viveram nas ilhas como navegadores. Duvido mesmo que, *a priori*, a lenda de Édipo pudesse ter sido formulada em outro lugar senão onde surgiu – por exemplo nos Andes ou no coração da Sibéria. Foi ainda na Grécia que nasceu o *slogan* que muitas vezes os homens do Mediterrâneo continuamos a encarnar, mesmo com um toque de ridículo: "A Ciência mais do que o poder".

Com certeza ainda existem estratégias marítimas e, hoje em dia, mais banhistas no verão. Mas sabemos também, por experiência histórica, que, durante as expedições marítimas, a hora da comoção soa tão bem como a hora do embarque, sem esquecer a hora do salve-se quem puder. A dialética do tratado joga com as aparências onde a história se atualiza – um modelo de toda a história, o do par fraternal Caim e Abel. Isso não deve ser esquecido quando consideramos as estratégias políticas como o destino das pulsões. Szondi, em vez de Freud, pôde teorizar sobre o assunto por meios muito diferentes dos de Adler. Vale lembrar que Melanie Klein também nos permitiu descer aos infernos por caminhos semelhantes. O destino das pulsões é, como se diz, por natureza e cultura, desempenhar juntas peças discordantes. As situações concretas vividas, a produção e a negociação de fantasias, não permitem ao homem ter a certeza, por sua mera presença, da escolha feliz em relação aos parceiros sexuais ou nas transformações operotrópicas na ordem dos investimentos, que por vezes podem ser feitos em atividades profissionais. As sequências de apoio mútuo que garantem a produtividade no equilíbrio quase estável de todas as pulsões só podem buscar os próprios recursos na ordem de nossos depósitos narcisistas.

A especificidade das sequências discursivas, as repetições e reformulações, mesmo as inibições tanto nas operações disjuntivas como nas visadas de potência expansiva ou de idealização, são desempenhadas nesse nível narcisista tanto quanto as operações de aderência mais ou menos parasitas, tal como as operações de pesquisa e coleta, de busca e de caça que moldam as estratégias políticas quando estas abordam as relações que cada um de nós mantém com o outro, por meio das quais algo se torna significativo e nutre nossas ações e nossos pensamentos de sentido, colocando-se e movendo-se conforme os investimentos narcísicos de base e seus avatares.

E que bom para todos, pois é do fluxo e da operatividade dessa fonte que, pelo menos em grande parte, dependem as estratégias políticas e seus movimentos – o que, sempre entre o conflito e a satisfação, permitirá a cada um conduzir seu barco com os outros parceiros dos grupos de escolha, que terá contribuído para institucionalizar. Dessa forma, os percursos das atividades políticas e públicas do homem e a psicopatologia de sua vida cotidiana – se quisermos chamar assim – se articulam ou se conectam em paralelo.

Um último ponto poderia ser repetido aqui, sobre o qual, na verdade, não tenho posições muito definidas.

Eu poderia argumentar que as formulações teóricas que se referem ao que denominamos mais ou menos de freudo-marxismo, embora mais elaboradas e altamente polimorfas, representam um caminho pelo qual nossa práxis talvez possa se tornar positiva. Admito que não consigo prescindir delas e ainda espero muitos progressos nessa gama de percursos.

Serei mais reservado, até mesmo cético, diante das transposições na análise e na prática política de concepções que se referem ao mesmo âmbito. Digo, instruído em parte pela experiência que, em nossa prática clínica e terapêutica, nossos pontos de ancoragem, de intervenção e corte, estão sempre localizados em pequenos grupos mais ou menos interferentes, em que cada um dos parceiros joga o jogo que acredita ser o deles, ou o que deve ser. Contudo, no nível das atividades políticas, os grupos humanos reunidos ou em oposição são extremamente densos, emaranhados e numerosos. A inflação psíquica projetiva e a expansividade tornam os limites confusos e os marcos fugazes. O jogo pessoal, ou até mesmo personalizante, parece muito fraco nesse nível – com exceção de algumas situações-limite que caracterizam momentos de forte crise social. Dito de outra forma – e corro o risco de ir além de meu pensamento e criar mal-entendidos – ousaria dizer que os papéis políticos acentuam as passagens ao ato, facilitam o fato de que estruturas paranoicas e histéricas possam se entregar de todo coração em detrimento da própria eficácia daquilo em que estão envolvidas. O alívio pessoal temporário torna-se, aqui, muito provisório, tanto para o herói como para seus descendentes. Muitas vezes podemos observar que as crianças desses heróis pagam o preço sob formas psicopatológicas catastróficas.

Finalmente, tanto quanto sei, não temos experiência para tirar hipóteses válidas de qualquer equipe informada pelo freudomarxismo que tenha desempenhado um papel na vida política de qualquer país... Evidentemente excluo o papel de detonador e a formulação crítica abstrata ou desenraizada.

Pode até ser que um dos fatores que contribuíram para os estereótipos e as dificuldades na mudança dos aparatos intersociais de cuidados aos doentes mentais decorra do próprio ativismo de um "pseudofreudomarxismo" compensado na prática política de psiquiatras, militantes "sociais". A própria política de setor – em seus pontos mais "regressivos" e em seus vazamentos – relegou, mais mal do que bem, psiquiatras e até psicanalistas a uma atividade de caridade ou, na melhor das hipóteses, de assistência social, regada com medicamentos como Largactil ou Moditéne, e assim por diante.

[ADENDO DE 1976]
SEMIÓTICA E PSICANÁLISE: UM SONHO SOBRE A POLÍTICA PSIQUIÁTRICA

Eu havia cogitado escrever o texto anterior em um estilo completamente diferente e com outros materiais. Na verdade, o material clínico que apresento aqui pode muito bem complementar ou ilustrar, *a posteriori*, o que já discuti com vocês. Cogitei, portanto, reproduzir e comentar o sonho de um camarada que, em análise comigo havia mais de dois anos, até então não havia trazido nenhum. Durante dois anos, seus relatos analíticos resistiram bem à comparação com o comportamento de qualquer pessoa que estivesse de mudança. Saíam de sua boca – sem nenhuma ordem específica, claro – objetos preciosos ou ainda restos de acontecimentos já vividos e sem uso, só para tirar a poeira e talvez dispor as coisas de maneira diferente na nova casa. Um dia, seu estilo de discurso quase uniforme mudou de repente. Assim que se deitou no sofá, ele contou um sonho: "Finalmente um sonho. Tive um sonho bom, não um sonho de transferência, mas ainda assim um sonho bom... e fácil de interpretar". O tom era de alguém que estava prestes a se lançar com algum entusiasmo à conquista de um novo país: o inconsciente.

Vocês verão que o sonho se assemelha a uma *pièce montée*,[2] ou a colagens próximas do estilo que marcou o sucesso do surrealismo. Lembro que o movimento surrealista pretendia derivar e trazer o mesmo tipo de aventura conquistadora, e isso pela prática de uma arte bizarra e muitas vezes onírica: por exemplo, narrativas frequentemente pontuadas de piadas tão surpreendentes quanto translúcidas em virtude dos

---

2 N. E.: Bolo de confeitaria, em geral cônico, montado com profiteroles grudados uns aos outros com caramelo.

subentendidos que evocavam. Lembrem-se da técnica do *cadavre exquis* [cadáver requintado][3] e outras experiências.

"É pura política psiquiátrica", acrescentou ele, "talvez política *tout court*". Me pareceu que, com isso, "ele postergava" um pouco a apresentação do sonho e me indicava que ele próprio havia feito o "trabalho de interpretação", talvez para evitar ter de fazê-lo no aqui e agora da sessão. Se era assim, era óbvio que a "presença-ausência" do analista se tornava inútil. O mínimo que posso dizer, por enquanto, é que ele estava tentando transformar a sessão de psicanálise em um encontro com um amigo de confiança, a quem ele podia contar histórias íntimas... Pois não tínhamos ideias políticas semelhantes? Uma luta comum a perseguir, ao menos no âmbito da profissão? Achei a espera longa... No fim, o relato do sonho surgiu da sua bolsa, não sem que antes ele diluísse sua própria presença ali com um anonimato amigável: "Estávamos assistindo à aula inaugural de um curso de Juliette Boutonnier no Censier". Segundo o analisante, ele estava sem mediação, em uma "espécie de jardim... muito verde... como se tivesse caído de paraquedas ali, e Simone Veil [ministra da Saúde da França] e a mulher da '*Strada*' estavam brincando de amarelinha... Eram elas, eu não tinha dúvida, mas deviam ter uns dez ou doze anos... Não sei por quê, mas eu tinha certeza de que eram elas. Podia ser o jardim de um hospital psiquiátrico, porque tinha umas oficinas ou algo assim, trabalhos de renda e forja talvez... Não sei se faziam cadeiras ou colares, o ambiente era antiquado... ferros que pareciam atiçadores... um centro social, como se diz,

---

[3] N. T.: Jogo literário inventado pelos surrealistas por volta de 1925 que consistia no seguinte: cada participante escrevia parte de uma frase (seguindo a ordem sujeito, verbo e complementos), sem saber o que o(s) participante(s) anterior(es) havia(m) escrito antes dele. A ideia era explorar o inconsciente e seus recursos. O nome do jogo foi tirado da primeira frase que surgiu nesse jogo: "Le cadavre – exquis – boira – le vin – nouveau" ("O cadáver requintado beberá o vinho novo").

ferros para marcar os animais com a 'ferrada' ... bois ou touros, não sei... Uma sequência que poderia reproduzir 'a vida social ilustrada',[4] já que havia uma espécie de competição de canto... e umas velhas no palco... elas levantavam as pernas. Um *cancan* medíocre. Todas rodopiavam – ah!, brincando de amarelinha, as meninas no sonho pulavam e abriam as pernas. Quando será o grande salto? Depois..., eu num canto, vomitando num prato fundo, como num crânio aberto... Não sei quem... segurava a minha cabeça, com a mão na minha testa... como se estivesse me ajudando a vomitar. Na verdade, a imagem do sonho, aquela das velhas rodopiando, estava ligada à bola da escola que a gente fazia girar e... a América... dava para vê-la se aproximando da Europa no sonho... dizem que isso causa terremotos... é óbvio: o Chile, a evolução da psiquiatria, as correntes de Pinel... de certa forma tudo isso se articula no sonho.

"Não sei se vou prestar o concurso. Simone Veil e os outros farão de tudo para nos impedir de cuidar dos doentes. Apesar disso... O Chile não é a França. Aqui não temos muitos jovens colegas comendo capim 'pela raiz.'"

—

Sem convidá-los a seguir nosso colega adiante, com seus tateamentos pelos labirintos associativos em que se embrenhou em parte já durante o relato, direi o mínimo para acrescentar algumas observações ao tema das nossas jornadas.

Antes de analisar certos desenvolvimentos, gostaria de destacar o fato de que, na reformulação verbal do sonho durante a sessão, vieram à tona notas explícitas, referências, digamos, a desconfortos orais – vomitar e comer capim pela raiz – em ligação direta com a morte – crânio e jovens médicos do Chile.

---

[4] O lapso está ligado à *Vie Sociale et Traitement*, uma revista já antiga de enfermagem psiquiátrica com a qual contribuímos, juntamente com outros.

É fácil prever que, posteriormente, o sujeito formula algumas questões, tanto sobre o seu destino profissional quanto sobre a ajuda que poderia receber da mão misteriosa e não menos tradicional que segurava a sua testa.

Não me parece que se possa ignorar, no âmbito da transferência, o estilo mesmo das expulsões/retenções anais que atravessam o relato do sonho. Isso parece ser referendado por ele mesmo, pela expressão que ele evoca, uma expressão que, *a priori*, é negociável entre nós: "L'Amérique nous fait Chi-(er-)li".[5]

Me peguei pensando quais "medos e terremotos" estavam sendo evocados ali. Voltaremos a isso. Mas me permitam refletir um pouco sobre a negação da transferência, que me pareceu saltar aos olhos em vários níveis. Não surpreenderei ninguém constatando, a esse propósito, que ele, como muitos "psiquista", acreditam, o que é verdade, que tentei informar o campo da prática psiquiátrica sobre a difícil conjunção de algumas coisas que, para usar as palavras do analisante, retomavam de certa forma a atividade tradicional de um certo Pinel com, entre outros, mas aqui cabe bastante bem, a atividade do nosso não menos querido psicanalista, professor do Censier. Na verdade, me perguntava o que Simone Veil estava fazendo ali e talvez estivesse bastante disposto a descartar o significado político óbvio. O que o conteúdo do sonho, à imagem da brincadeira infantil evocada, parecia nos autorizar a fazer era deixá-la entre parênteses. No entanto, para não abandonar rapidamente a negação da transferência, na minha opinião, seria muito tentador escutar o relato do sonho na sessão (do sonho em si, se isso significa alguma coisa, é óbvio que não sabemos) como um relato que seria dirigido a mim no estilo de quem me diz: "Eis, meu caro analista, o que penso

---

5 N. T.: Tosquelles faz um jogo de palavras com as palavras "Chilie" (Chile) e "*chier*" (em sentido literal, "cagar"; em sentido figurado, "aborrecer", "encher o saco"). Nesse caso: "Os Estados Unidos enchem o nosso saco".

das suas ideias. Diga-me se é isso mesmo que você pensa ou deseja". Ou então o seguinte (que é contraditório com a pergunta anterior apenas em aparência): "Veja, meu caro, suas ideias de psiquiatra ou psicanalista me fazem vomitar ou cagar. Você vai me ajudar?".

Temo que, mesmo que vocês aceitem essas últimas hipóteses, ditadas provavelmente por resquícios de egocentrismos que seriam meus, chegarão facilmente a supor que isso aconteceu por falhas técnicas da minha parte. Principalmente porque conheço demais e muitas vezes compartilho atividades ou tarefas profissionais com certos analisantes. Além disso, pode-se dizer que minha atividade pedagógica é muito acentuada para distorcer ou mesmo impossibilitar a análise daqueles que às vezes dizem querer ser meus alunos.

E, de certa forma, vocês estariam certos. No entanto, me permitam evocar, como contraofensiva, algo que certos observadores críticos notaram e apontaram – é verdade que com certa malícia. Eles revelaram e mostraram que, quando uma pessoa doente ou uma pessoa saudável se analisava com um adleriano, ela lhe fornecia sonhos facilmente assimiláveis no nível das teorias de Adler; que, se fosse junguiano, ela facilmente teria visualizações de mandalas e outros conceitos junguianos, e, evidentemente, aconteceria o mesmo se fosse um psicanalista freudiano dessa ou daquela variante – todas fundamentalmente divergentes, mas ainda assim ortodoxas. Os sonhos dos analisantes se apresentavam como amostras matizadas, puras elaborações teóricas do analista.

Os autores que fizeram essa observação concluíram que, na psicanálise, não há uma abordagem científica, mas um processo de sugestão. As fantasias dos analistas conduzem a dança. O que *os autores em questão não disseram é em que nível da evolução da transferência isso acontece*.

A falha técnica da minha parte teria consistido no fato de que eu, sentindo que o texto do sonho dizia respeito a mim, mesmo que estivesse ali como analista, me esqueci de que estava no campo psicanalítico e intervim... Aconteceu o mesmo quando ele me fez outro convite, que dessa vez se aproximava ainda mais da transferência erótica ou "em regressão", para a qual o relato do sonho se entreabria.

Peço que atentem para a continuação: "Acho que você gosta da Juliette Boutonnier... ela tem estima por você... Durante a aula, ela mencionou você diversas vezes... e ainda disse que lamentava que você 'não tivesse podido participar das conversas daquele ano'... Você sabe: não tem muita gente que 'goste' de você...".

Nem naquele momento nem depois eu mordi a dupla isca que ele me lançou. Naquele momento, como numa réplica – talvez uma fuga da minha parte –, pensei comigo mesmo: "De qual cena primitiva grandiosa, universal ou universitária, estou ausente agora e sempre?". Nisso – como Freud se perguntou algumas vezes, não sem angústia, se não se tratava de uma "verdadeira telepatia" – o analisante retomou o relato: "No sonho, a bola do Universo girava. Mas na escola tinha um mapa estendido na parede... com os dois hemisférios. Entre amigos, a gente falava de bundas e peitos". E acrescentou: "Não vi o terremoto no sonho... Isso me faz pensar no empura-empurra na saída de Censier, todo mundo correndo para fora como um rojão e numa enorme confusão... empurrando quem estivesse na frente... um verdadeiro parto monstruoso, era um passar e sair que não acabava... uma gritaria".

O suficiente para atrair um "anal...ista" ávido por interpretar em "coprodução" cenas de parto ou sexo anal. Mas, aqui também, uma certa contenção me levou a um outro tipo de erro técnico, mas que veio muito oportunamente... Admito que tinha me esquecido por um momento de qual terremoto ele estava falando. Minhas conotações preferenciais foram desviadas pelo caminho de Kierkegaard. Já fiz alusão a isso aqui. Foi ele que foi "trabalhado" por um misterioso "terremoto", como ele mesmo disse, que ligava a problemática de seu pai à dele...

Então perguntei como um idiota que acaba de acordar: "Onde?". "No Chile, obviamente; é o movimento da América, do continente à deriva... O que Pinochet nos fez passar... Uma revolução que está virando um campo de concentração. Parece que Simone Veil passou uma parte da infância lá e mesmo assim não aprendeu nada de psiquiatria...

Abortos... Abortos... Abortos...

Minha irmã fez um aborto. Fiquei com muito medo, aquele desgraçado! Juliette teve uma hemorragia, foi sugada até a última gota."

Mais uma vez, emergi da minha atenção flutuante com um sobressalto e uma surpresa "contratransferencial".

Eu disse: "Qual Juliette? Juliette Boutonnier?". "Minha irmã se chama Juliette!" "Ah...", repliquei. Achei que era bom demais para ser verdade, pois, como vocês sabem, "a mulher da *Strada*", ou seja, a esposa de Fellini, se chama Julieta... e o analisante, pouco preocupado em descrever certas pessoas arquiconhecidas, ainda considerou que devia ocultar o nome da atriz e o do marido... "É compreensível". Eu pensava... a *Strada*, além do mais, trata da morte violenta do terapeuta louco... Mas, felizmente, recuperei o senso com o imperativo que dei a mim mesmo: "Para, Tosquelles, é ele que você tem de escutar!". E agora, aqui, também paro. Tentarei emergir da situação analítica concreta da qual tentei fornecer um relato breve e preciso e farei alguns comentários que lancem alguma luz sobre o tema que nos reúne.

1. Nem é preciso dizer que Censier (a universidade), os hospitais psiquiátricos, o Chile e até mesmo a Unesco existem. E que todos intervêm na nossa existência de tal maneira que as informações e formulações verbais – que por meio deles bem ou mal constituem um tema – se infiltram em nós com o propósito de tomarmos consciência ou até mesmo de tomarmos partido. Trata-se – por que não? – de tentar compreender as ligações e os efeitos desses acontecimentos.

Encadeamentos que nos encadeiam, condições e condicionamentos, interferências! O que nós temos a ver com tudo isso? Ou ainda, será que não estou preso nessas coisas? Nada mais distante dos devaneios de um analista do que ouvir relatos de sonhos como uma simples coleção de "restos diurnos". Há de fato um lugar, um alhures, onde talvez esteja dentro das possibilidades de alguns controlar, digamos, as consequências... muitas vezes catastróficas. Eles constituem em si mesmos um convite à análise das contradições, das falsificações, dos deslizes, dos continentes "em movimento", levando "receptáculos" humanos a todo tipo de variações sinfônicas sobre o tema da morte... ou, pelo menos, do infortúnio.

É tudo isso que o discurso, que se lê sempre em vários níveis, busca "como racionalidade da política". E isso acontece, aqui como em outros lugares, por escolhas entre as próprias contradições, apagamentos, esquecimentos e esperanças. Seja no discurso político, agindo ao menos com aparente domínio da coisa, seja mais frequentemente na passividade induzida pela sugestão ou pela carta forçada dos trapaceiros profissionais, seja ainda quando resta o objeto de uma formalização consciente, verbal, mais ou menos egocêntrica, mais ou menos delirante, mais ou menos negociável em grupos ou subgrupos sociais precisos e limitados, para quem constitui a verdade e o projeto... daquele ou daqueles... que, digamos, velam por nós ou nos vigiam...

Seria muito simples – se bem que seja algo assim – se disséssemos, após esse relato... e outros... que "a racionalidade" ou discurso político comporta ou surge da racionalização de uma temática de morte... da loucura, ou até mesmo do amor.

Se voltarmos ao sonho, sem necessariamente querer analisá-lo por enquanto, concordaremos que, a rigor, o mundo é antes de tudo um espetáculo, no qual não está especificado de partida nem de forma definitiva se desempenharemos o papel de espectador ou ator. As relações entre o autor da peça teatral e o ator são, por sua vez, problemáticas.

Ousarei propor timidamente que a impressão subjetiva de uma liberdade inalienável, de uma reivindicação de liberdade e da simples possibilidade de prever e empenhar, em liberdade, nosso destino aqui e agora, coloca e recoloca para cada um de nós – nos próprios grupos de pertencimento escolhidos ou não – a eventualidade da tripla possibilidade de papéis a desempenhar. Espectador, ator, autor. Aliás, por que não os três papéis ao mesmo tempo? Não farei nenhum julgamento de valor sobre isso – nem sobre o percurso. Se bem que aqui, como analista, tendo a me questionar como essas escolhas, se são induzidas pelas situações, ainda assim são sempre provocadas por conexões de rupturas pulsionais, aquelas que, dizem, tecem o tecido da nossa existência.

Não sei ao certo, e tudo bem se essa formulação não agrada a vocês. Eu a evoquei apenas para enfatizar o fato de que, no sonho do nosso amigo, ou a partir dele, e até mesmo como isso se elabora com camaradas, companheiros ou companheiras, o relato político resulta de um esforço pessoal ou de grupo, constituindo um verdadeiro *trabalho de elaboração* das informações, um trabalho de elaboração ou uma análise situacional pela qual lembranças históricas, perspectivas e projetos éticos de intervenção se misturam com formulações estéticas, buscando em todo caso alcançar uma certa coerência.

Pode-se dizer que tal *trabalho de elaboração*, como é evidente, se faz no nível da consciência, muitas vezes no nível mesmo da razão e do razoável.

Todavia, já é uma aproximação escutar no sonho que relatamos como uma amostra o que esse trabalho de elaboração proporciona de imediato ao discurso psicanalítico, como sem dúvida em outros contextos. Não há razão ou formulação fechada em si, sem que ao menos ilhotas ou vulcões se infiltrem e frequentemente desviem o curso da construção elaborada. Se quiserem, podemos, é claro, chamar isso de inconsciente. E como eu poderia negar, no que diz respeito à formulação que acabei de propor – a do mundo como espetáculo –, a componente histeriforme envolvida com as sugestões possíveis dos sugestionáveis, os voos e turbilhões do exibicionismo, o nervosismo dos atores, as inibições e os pudores que, desde a subida das cortinas e as três batidas, marcam a hora em que o trabalho dos bastidores desaparece para todos.

A propósito e oportunamente, o relato do sonho fornece uma boa amostra de vivência em que as amnésias e as hipermnésias se divertem a valer, em que a erotização da coisa entredita está assegurada de antemão. O jogo de esconde-esconde, o jogo de polícia e ladrão, são suscetíveis de desenvolvimentos multiformes e multigrados, reforçados, é verdade, pelo que chamamos de real.

A essas opressões e coerções, pelas quais as estruturas histéricas oferecem ao devir de cada pessoa um certo campo mais ou menos erotizado, contraponho a título de comparação, e *não como nota de valor*, o que deixei entrever no texto anterior, ou seja, o campo da Ética que Szondi e outros relacionam à problemática do assassinato. Vale notar que me atenho apenas à experiência clínica e ao que a própria cena do sonho transmite. Segundo suas visões, que faço minhas, o campo da Ética constitutiva da Lei se opõe, como estruturação do movimento pulsional, ao campo da Estética; a Ética germina e se enraíza no campo do assassinato, ou melhor, na proibição do assassinato do semelhante. Podemos vê-lo surgir no relato do sonho em diversas ocasiões, e tenho razões suficientes para afirmar que, nesse caso, uma das "oposições distintivas" que surgem da copresença na cena do sonho das Julietas ou de Simone Veil conota a passagem do "privado" para o "público", com a qual se opera, entre outras coisas, o que poderíamos chamar de política do assassinato, ou o assassinato na política. Não há nada surpreendente na ordem do escândalo, quando temos em mente o que, no texto anterior, recordei na formulação do "homem é um animal político". E para não sair do campo da psicanálise e das terapêuticas de grupo, convém lembrar o que Bion formulou sobre o tema das passagens operatórias do privado para o público e do público para o privado. Para nós, a escolha de uma prática psiquiátrica pública não repousa apenas sobre a avaliação das "opiniões políticas" nem sobre as pressões sociais de uma época. Na estrutura pulsional da Ética, diga-se de passagem, em oposição ao que eu disse a respeito da Estética... ela nunca se reduz a uma problemática particular de uma elite social..., mas, ao contrário, a um movimento diverso para todos, movimentos pulsionais que se encontram em toda parte. No que diz respeito à Estética, temos de tomar atitudes prescritas pela moral, pela moda ou pelo medo da polícia, mais ou menos reinventadas ou perturbadas em âmbito pessoal.

Por contraste com o pouco sucesso de "público" do que afirmo aqui, sabemos o que é proposto como constituinte do motor da superação social, ou mesmo da sociogênese do humano: basta se lembrar do sucesso retumbante quando se reexamina a história dos grupos inter-humanos no que diz respeito à proibição do incesto. O que também é verdade, mas em outro nível, para os processos de elaboração e perlaboração. No entanto, tal sucesso de galeria se explica mais pela função de cobertura que a Estética estende sobre a Lei e à Ética, que sempre envolve e diz respeito ao assassinato.

2. O sonho que relatei mostra que o discurso político pode resultar de um processo de elaboração de ordem estética. Para ilustrar esse material de partida para as nossas reflexões, eu poderia ter escolhido outros sonhos e outros assuntos que se prestassem a considerações desse tipo. Desde o início, me veio à memória um caso em que o sonho recuperava acontecimentos, oposições, contradições vividas em torno de uma das manifestações de 1968. Nele, as Julietas que teciam o fio aparente do sonho ou a chave dos sonhos bordavam sobretudo

o preto da tela. Isso se traduziu clinicamente em duas tentativas de suicídio antes da análise. Recuando ainda nas minhas memórias clínicas, fui transportado para os meus primeiros tempos como analista, nos quais, diga-se de passagem, eu me saía muito mal, confundindo o trabalho de elaboração do romance familiar que facilitei ativamente e o trabalho de perlaboração que apenas a análise facilita. Foi o caso de um sonho que não estava relacionado a uma manifestação política contestatória – muito pelo contrário, mas que para o nosso tema equivale à mesma coisa. Tratava-se da execução de um percurso acidentado de uma procissão religiosa numa vila espanhola. Os efeitos de cobertura da elaboração mais ou menos coerente do significado histórico, cultural, religioso e filosófico da coisa me impressionaram tanto que perdi a oportunidade terapêutica para a qual eu havia sido convidado. Hoje, o auxílio da cultura na elaboração estética dos sonhos se tornou comum, graças ao cinema, essa fábrica de sonhos, como diria Ilya Ehrenburg. Não é por acaso que o cinema intervém no sonho que relatei, mas não nos parece que a cultura cinematográfica esteja lá apenas para nos fazer comprar gato por lebre. Não definimos o todo quando acompanhamos na tela as condensações e os deslocamentos possíveis que se devem apontar entre as Julietas e Fellini – que, no entanto, tem uma mordacidade notória em psiquiatria e psicanálise "cultural" para quem conhece, por exemplo, o tema de *8½* ou as abordagens de Fellini aos problemas da assistência psiquiátrica.

Com isso, nosso analisante estava dizendo algo completamente diferente sobre que lhe dizia respeito e o determinava. Essa afirmação ganha todo o seu valor quando nosso analisante sugere que seu sonho não é um sonho de transferência. De fato, deslocado pelo seu próprio material para a cultura cinematográfica, para fora da situação psicanalítica, o sonho teria permanecido – como acontece com frequência com o que chamamos de autoanálise – no âmbito das evitações da transferência. Evidentemente, é isso que acontece no processo de elaboração solitária – ou melhor, em grupo uniforme – e relativamente impessoal do discurso político, uma retomada, um equívoco cultural.

No entanto, é verdade que, com o trabalho de elaboração, que já é a reconstituição discursiva ou cinematográfica do sonho – uma verdadeira elaboração estética, como no caso que relatei do sonho –, ocorre uma verdadeira elaboração estética das fissuras, espalhada – como naquele caso.

A técnica psicanalítica leva isso em conta e facilita, por assim dizer, sua eclosão, a reinvaginação do próprio discurso nas fissuras. A prática do discurso psicanalítico rejeita qualquer discurso intencionalmente coerente e, nesse mesmo sentido, pode se opor a todos os discursos políticos. Na sequência psicanalítica do sonho que relatamos, ele faz rapidamente um esforço estético e um discurso o mais intencionalmente coerente das reformulações políticas – sem que, na verdade, haja abuso ou desvio –, permitindo que possíveis "interpretações" floresçam.

Sem contar com o que poderíamos chamar de observações clínicas – à distância – de muitos políticos, facilitadas atualmente pela quase estereotipia da publicação de suas "memórias", creio que não seja um equívoco constatar, com a clínica psiquiátrica e, especialmente, psicanalítica, como esse discurso "político" se articula e se desarticula enquanto produção literária pessoal. A caricatura, obviamente, nos é proporcionada pelas tentativas quase sempre muito fracassadas e inconsistentes, pelas elaborações cosmogônicas delirantes e pelas análises, digamos, sociológicas que, de forma espontânea, os pacientes que atendemos nos fornecem. A tela das "elaborações" corre o risco de explodir a qualquer momento por si só. E não tenho dúvida de que certos acontecimentos, reviravoltas e supostas traições, ou conversões na política ativa, não correspondem a mecanismos análogos.

Em todo caso, o que gostaríamos de enfatizar é que, de qualquer forma, esse é apenas um caso particular do que acontece com todo "trabalho de elaboração" – especialmente se for realizado fora das institucionalizações *ad hoc* da transferência. E gostaria de sublinhar aqui que isso também se aplica ao *trabalho de elaboração do romance familiar*, do qual tanto gostam as pessoas doentes, as saudáveis e também, infelizmente, os psicoterapeutas. Na maioria das vezes, ora o paciente, ora o psicoterapeuta bloqueiam eles próprios os canais pelos quais o verdadeiro "trabalho de perlaboração" poderia começar. Me pergunto onde está o cerne da questão no trabalho de elaboração do romance familiar, que é indispensável em certas e muitas vezes longas etapas da sequência de sessões psicanalíticas.

O mesmo ocorre com a crítica literária, com uma "boa peça" ou uma pintura, previamente subtraída pelo autor da dialética da transferência e da situação institucional que a estrutura. Não tenho medo de dizer que se trata de uma manobra de evitação que começa, e muitas vezes é bem-sucedida, graças a uma revisão aparentemente lúcida, de certa forma mitomaníaca, construída com racionalizações diversas, com fuga adiante... Diante de quê? Eu me pergunto. Não se trata da pessoa do eventual analista, mas de sua "presença-ausência" enquanto *outro*. Nem o "público anônimo" nem os especialistas da "crítica" fornecem ao autor o movimento ou as interferências transferenciais que podem ser encontradas ao longo de uma análise. Já dissemos ou sugerimos que, com o que podemos chamar de amnésia e fabulação, o que cai na armadilha é de certa forma o morto, ou melhor, a vítima do assassinato; a comédia da agressividade é, nessa questão, apenas um coquetismo lastimável, fazendo as vezes de todas as ambiguidades que cercam a problemática do assassinato.

Recentemente, soube que Roger Lewinter chegou a conclusões a respeito de Diderot semelhantes às nossas. Não tive tempo de consultá-lo. Mas dissemos que é pela recusa e pela proibição do assassinato que a Ética e a Lei se constituem. E reitero que se trata de assassinato e não de morte. O simples medo da morte e as fobias associadas a ele, ao inverter a agressão, podem nos fazer acreditar que tememos a nossa própria morte. Na verdade, é importante lembrar que "ninguém" experimentou realmente a morte. Nenhum morto veio nos contar como morreu. Ninguém morre e cada um de nós morrerá, como qualquer outro animal. O que morre é sempre o outro. E isso se torna, em graus variados, uma separação mais ou menos definitiva, um corte – em suma, na melhor das hipóteses, "perda de um ente querido" ou até mesmo "castração". Sabemos que o discurso clínico sobre o medo de morrer encobre, de forma muito superficial e transparente, as chamadas angústias de castração. De qualquer maneira, lembramos, entre outras coisas, que o que foi omitido no sonho, alimentado pela produção cinematográfica de Fellini, foi em primeiro lugar "a morte do louco". Mas não é só, e penso que é por aí que começa o trabalho de perlaboração, como veremos na sequência.

3. Entre os ausentes do sonho que relatei, poderíamos contar que, cedo ou tarde, aconteceria algo que, direta ou indiretamente, lembraria Romeu. Na verdade, ele foi introduzido pelo jardim verdejante, que conduziu ao poema de Prévert: "Roma, objeto do meu ressentimento". O "verde do campo" e o "quase do jardim", como pudemos verificar depois, bloquearam e abriram ao mesmo tempo a construção-desconstrução do sonho. Tive algumas suspeitas quando ele me disse que tinha poucos sonhos coloridos, uma confissão seguida de uma récita de cultura cinematográfica em que ele me dizia que *La dolce vita*, *Vitelloni* e *8½* (que ouvi *vuit-vit et demi*)[6] eram preto e branco e que só depois desse último filme, de temática pessoal e aspecto psicanalítico, Fellini passou a filmar em cores. (Parece ser o caso de *Julieta dos espíritos*.) O

---

6 N. T.: "Oito e meio" em francês é "*huit et demi*". Em vez de "*huit*", Tosquelles escutou "*vuit*", palavra que também significa "oito" em catalão e que ele associou sonoramente a "*vit*", "vida" em italiano.

analisante, falando naquela mesma sessão sobre o "verde" das suas pinturas, associou "verde veronese" e confirmou que já tinha ido a Verona, "como todo mundo", para ver o quadro do túmulo dos amantes em questão. Intervi nesse momento, me perguntando em voz alta: "Não sei se é um par ou um duplo". Talvez ele tenha fingido que não me ouviu, mas evocou "a divisão política dos dois clãs de Verona que impediam o amor". Intervi, dizendo que havia duas Julietas em seu sonho, "em todo caso, uma e seu duplo". Ele me respondeu com uma gargalhada um tanto agressiva: "De duplo já basta o duplo V de Weil!".[7,8]

O discurso ou mesmo o diálogo (analítico ou não) coloca em toda parte a dupla problemática da linguagem analisável, por um lado, do ponto de vista de sua função social de comunicação – e, portanto, do que chamamos de "meios de expressão" ou de "formulação de ideias" – e, por outro, da linguagem analisável, como sabemos, do ponto de vista de sua organização interna. As observações de Ferdinand de Saussure, para nós, são plenamente válidas. Uma coisa é o que ele chamava de linguística *externa*, em relação de fato com a cultura e a história, a política e a literatura; outra coisa é o que ele chamava de linguística *interna*, na qual lidamos com a organização interna da linguagem. É nesse nível que a análise pode pretender desvendar o sistema de signos que entram em jogo na codificação e decodificação das mensagens, portanto independentemente dos "conteúdos" concretos das mensagens – ou dos "efeitos de comunicação".

Isso me parece bastante evidente e, no entanto, é muito comum que se mantenha um enorme peso de confusão a esse

---

[7] O *lapsus calamis* do analisante ("Weil", em vez de "Veil") serve para assinalar, se é que é necessário, o caráter "personalíssimo", ou até "personalizante", do "duplo alguma coisa", em oposição, bastante relativa aliás, às Julietas, como veremos a seguir.

[8] N. T.: Vale salientar que, em francês, a letra "W" é lida como *double V*, ou "duplo V", como também pode ser chamada em português.

respeito. E não apenas em psicoterapia ou psicanálise, o que parece particularmente grave.

Me parece que tudo decorre do fato de que, apesar das aparências, não "realizamos" muito bem o que Saussure quis dizer quando afirmou que "a linguagem é uma forma e não uma substância".

No entanto, me parece que é essa afirmação que fundamenta o projeto do grupo de Milão "Semiótica e Psicanálise", que organizou este encontro. Eu explico. O discurso do sonho e a retomada de "sentido", seja no nível da política, seja no nível do romance familiar, exige de fato que se capte a *"continuidade" da mensagem*, sem que com isso se permaneça no nível do sintagma. A mensagem é a mesma quando é formulada e passa de uma substância para outra. Isso é um fato estabelecido desde Saussure, e talvez ainda mais logicamente fundamentado por Wittgenstein. Ambos explicam, a quem os lê com alguma atenção, que o objeto da comunicação é paradoxalmente sempre *extralinguístico*, no sentido de que o sistema de oposição distintiva em jogo passa por si mesmo, tanto quando utilizamos a *substância* nervosa do sistema nervoso central quanto os movimentos fonatórios, ou o das variações na tensão da membrana do tubo, e assim por diante.

"Uma forma e não uma substância", em Saussure, referia-se aos sistemas de oposição em jogo. Se bem que seja óbvio que nunca teríamos sabido de nada sem a escuta e a crítica analítica dos aspectos sincrônicos e diacrônicos das formulações da fala.

Mas, em síntese, o que para nós constitui o objetivo da prática psicanalítica é que, ao trazer à tona as conotações que a técnica das associações presentifica, o analisante aceita se engajar – por assim dizer – *naquele que foi o seu ponto de partida como ser falante*. Ou seja, na verdade, visando ao *nonsense*, às partículas em jogo, e depois à sua organização progressiva, isto é, visando ao inconsciente. *A análise é... se engajar*, se possível, além do trabalho de elaboração, em um trabalho de perlaboração.

Concretamente, no caso do sonho que relatamos, esse algo que deixo em suspenso, mas do qual vocês têm informações suficientes para compreender o que o faz retornar aqui e ali; por exemplo, as oposições distintivas entre os Vs duplos e os Js.

Um outro sonho do mesmo sujeito se introduziu mais profundamente nisso por meio de ditos de aspecto histórico, literais, pelo canal "Jour J du débarquement" [Dia D do desembarque] e por meio do fracasso dos foguetes "V2 alemães". Atribuir ao conteúdo desse segundo sonho, a essa nova encenação de uma fantasmagoria [*phantasmagorie*], o valor de um "dom" de sentido, ainda em referência ao parto anal violento e explosivo, talvez fosse realmente tentador para o analista.

É precisamente isso que evitamos fazer. Acreditamos, ao contrário de alguns analistas, que tentar satisfazer a demanda de sentido que os analisantes endereçam com frequência ao analista pode ser, às vezes, um ato de valor terapêutico apaziguador, se preferirem, mas pressupõe que o analista abandone – e por que não? – a prática psicanalítica em prol de uma outra direção. Não acredito que a psicanálise consista, como disse alguém, em "fazer um transplante de sentido" no analisado.

A linguagem é um sistema de signos. Não é um sistema de sentido e, diga-se com ressalvas, nem mesmo um sistema de fonemas. As teorias dos "paradigmas" às quais a prática psicanalítica recorre são tão indispensáveis para essa prática quanto a escuta dos "sintagmas" em jogo. A semiótica que Ferdinand de Saussure vislumbrou e da qual a própria linguística seria apenas um caso particular "nunca pode ser deduzida diretamente, seja dos fatos observados, seja dos dizeres" (Saussure). Aqueles que têm alguma prática em psicanálise ou algum envolvimento contínuo e atento com a psicose sabem, no cerne de seus muitos fracassos, como se torna muito prático para eles dispor de uma boa teoria sobre esse assunto.

Se, sempre ancorado na prática clínica, o grupo de Milão – entre outros – consegue saber antes e mais precisamente algo do que está em movimento no âmbito da "Semiótica e da Psicanálise", penso que estaremos muito perto de examinar, com menos ilusões, os projetos de "estratégia de cura" e até mesmo as "organizações" dos dispositivos de tratamento nos quais temos de trabalhar.

4. Venho, pelas últimas leis, propor algumas considerações sobre a interessante nota experimental de Mendel e seus colaboradores, que ele descreveu sob o nome de "sociopsicanálise".

Sabemos que esse autor formulou e, sobretudo, tentou criar um campo de experiência de análise institucional *ad hoc*. Ele deduz daí a teoria segundo a qual, quando a atividade política é impossibilitada para um grupo ou clã inter--humano – que trabalha em uma instituição mais ou menos terapêutica ou mais ou menos pedagógica –, ocorre nesses indivíduos, ou em alguns indivíduos desse clã, "regressões à sua problemática familiar".

É verdade que o nosso autor chama de "classes sociais" verdadeiros grupos ou clãs socioculturais, técnica e economicamente isolados uns dos outros e definidos nessas mal denominadas instituições. No entanto, isso seria um pecadilho se ele não considerasse que, pela via da burocratização, esses "grupos" socioprofissionais isolados, inclusive dentro deles mesmos, cada um como um todo e cada membro em particular, são colocados e mantidos em situação especular e de competição fálica. Infelizmente, isso acontece mesmo em alguns grupos chamados de psicoterapia e, em última análise, como vimos, no que diz respeito ao caso do sonho que relatei, é o que acontece em determinados momentos do processo analítico, em que o espelho do analista e a competição oferecem suas armadilhas para ambos os parceiros.

A situação especular e a competição fálica surgem independentemente do que se faça. E, na verdade, como diz a sabedoria ou a superstição popular: "Quebrar o espelho traz azar". A competição fálica estabelecida como sistema, em muitos aparelhos institucionais ditos de cuidados, é reforçada após o dispositivo da experiência de Mendel, que circunscrevia cada "grupo" socioprofissional a si mesmo. Sendo assim, duvido que, por esse caminho, se possa ajudar o conjunto da instituição no emaranhado de perigosos efeitos contratransferenciais que a presença de doentes ou simples crianças em sofrimento inevitavelmente provoca. Não tenho dúvida de que a "regressão" acontece, ligada – como diz Mendel, parafraseado por mim – à negação da existência dos parceiros como "animais políticos", que é a simples constatação diferencial da existência humana por oposição àquela dos outros animais. A "regressão", se acontece – e não tenho dúvida disso –, segue à risca a elaboração estética do romance familiar. Isso nos deixa em uma situação muito delicada. E ainda é uma sorte pararmos por aí. A experiência demonstra que, em um número significativo de casos, entre aqueles que, por profissão, acabam lidando de perto com a problemática do inconsciente – falo especialmente de educadores, médicos, psicólogos etc. – em *condições precárias de institucionalização*, há uma proporção de descompensações neuróticas e psicóticas que se deve temer. Portanto, o mínimo que se pode dizer é que os profissionais da saúde não podem tirar benefício algum disso.

Mais uma vez, reitero, para evitar mal-entendidos, que o trabalho de Mendel constitui, em todo o caso, um excelente documento clínico e experimental pelo qual se evidencia um certo número de relações entre os romances familiares regressivos, reformulados e reativados pelas condições precárias do exercício institucional de nossas profissões e as estruturas, ou mesmo as estratégias políticas.[9]

---

[9] As posições e conclusões de um psicanalista como E. Jaques sobre o tema das instituições como sistema de defesa das angústias esquizoparanoides e depressivas me parecem mais operacionais.

5. Admitimos que os relatos e projetos manifestados na esfera política e familiar surgem mais ou menos ao longo, ou até mesmo no final, de um *trabalho de elaboração*. O conceito de "tomada de consciência" nos parece adequado à coisa. A abordagem psicanalítica – além e por intermédio desse trabalho essencial de elaboração – visa permanecer em contato com o inconsciente: onde ele atua sobre nós – como se diz às vezes –, isto é, aquilo que o *trabalho inconsciente de perlaboração mobiliza e reestrutura*.

Eu ousaria até mesmo me adiantar aqui – e a esse respeito – sobre o que haveria realmente de absurdo se proporcionássemos ao doente e ao sadio interpretações nesse nível, por exemplo. Se eu tivesse falado e explicitado ao nosso colega alguns dos jogos que poderiam ser detectados no nível do "*nonsense*" nas idas e vindas dos Js e dos Ws que mencionei aqui, isso teria sido, literalmente, um verdadeiro contrassenso, pelo qual eu teria alcançado o ápice da sugestão intelectual onisciente, talvez mais tolo e embrutecedor do que ter dito a ele que ele tinha um complexo de Édipo.

No próprio nível da reconstrução, ou mesmo do rearranjo do romance familiar, que constatamos na clínica psicanalítica, existe de fato o perigo de se desviar no nível das práticas psicopedagógicas... por autossatisfação do terapeuta. Isso acontece com frequência, mesmo quando, na melhor das hipóteses, é o próprio analisante quem se torna o educador de sua vida. Poderíamos, sem dúvida, escrever um romance engraçado sobre as misérias e a grandeza da vida "privada" – privada de quê? – de muitos pedagogos, artistas e, principalmente, filósofos... autodidatas. Uma simples e grave rejeição da transferência... privada na saída e na chegada, de forma bastante estúpida e simples, do outro.

A prática psiquiátrica tradicional, nesse sentido – e em oposição à prática psicanalítica –, mostra abertamente essa posição pedagógica predominante do médico, ou mesmo da equipe de saúde. Aconselhamento e assistência social alternam-se com várias formas de restrições e condicionamentos. Gostaria de dizer que não tenho a intenção de recusá-los *a priori* na minha atividade médica. Mais grave do que utilizar métodos pedagógicos ou abster-se deles – talvez por medo da nossa própria violência – seria não saber o que estamos fazendo, e até mesmo do que estamos fugindo. A política – alguém também diz – é a arte do possível... e a terapêutica também.

Preparar, facilitar o acesso e, por vezes, apenas garantir a sobrevivência em um campo intersocial – fora ou dentro de um hospital – nos parece uma abordagem essencial e de forma alguma vergonhosa em si só. Essa abordagem precede e se modifica conforme as possibilidades de uma programação aberta aos caprichos de um percurso que será mais ou menos terapêutico, mais ou menos conservador, mais ou menos psicanalítico, dependendo do caso e das circunstâncias.

Mas estamos aqui, em Milão, no campo específico da psicanálise e do que é possível teorizar a partir dessa prática. O verdadeiro trabalho psicanalítico, o *trabalho de perlaboração*, não se inicia com facilidade e muitas vezes nem mesmo se inicia durante a psicanálise. Existem casos em que anos de divã se traduzem em esforços hercúleos e intelectualmente brilhantes de *elaboração*. Ainda não esgotamos Freud, ainda não terminamos de escrever e refletir sobre a análise interminável, ou sobre a análise impossível, e as contraindicações da psicanálise. Se esse trabalho de perlaboração não se inicia, não devemos acreditar *a priori* que se trata de falhas técnicas do analista. Com alguma prudência, um pouco maliciosa, me permito dizer que, pelo menos, nunca se trata apenas de falhas do psicanalista. É assim que é, e é isso. Devemos saber e aceitar sem vergonha e sem sofrimento narcisista da nossa parte. O desejo consciente, bem-intencionado, mesmo perverso, nunca é onipotente, independentemente de sermos psiquiatras ou psicanalistas. Talvez eu pudesse ter fornecido outros detalhes anedóticos que fossem mais ou menos esclarecedores ou sugestivos do sonho que relatei e do que resultou dele. É oportuno falar de discrição e, de fato, trata-se nesse caso de um risco difícil de correr na própria estratégia de tratamento. No entanto, se não digo mais nada, é porque isso serviria, sem dúvida, ao meu próprio gozo e, na melhor das hipóteses, ao de vocês. Se fosse assim, eu teria abandonado tão bem o campo da política quanto o da psicanálise. E, talvez, me arriscaria a ser rotulado de reacionário horrendo por alguns. Não seria a primeira nem a última vez. Em outros momentos, me deram a honra de me considerar um revolucionário. Questão de alfinetadas, pecadilho dos costureiros!

E já que acabo em uma questão que, em relação à qualidade política da análise, também surgiu no divã, menciono a breve história de alguém que nada nas "águas turvas da política". Bastante à vontade, mas após questionar minha filiação a este ou aquele partido, acrescentou: "A propósito, de que sexo são os reacionários e de que sexo são os revolucionários?". Tive de calar a boca, como de costume, mas admito que me veio à mente o que digo aqui com prazer: "Eis, meu caro, uma pergunta que foi discutida à exaustão na história da Igreja: Qual o sexo dos anjos? Não seria prejulgarmos que as atividades políticas são reservadas aos anjos?".

OS LIMITES DA ORGANIZAÇÃO LIBERAL DA MEDICINA[1]

O tema de nosso artigo não é apenas de interesse profissional mas também de interesse geral.

A medicina não é um assunto reservado aos médicos. Isso pode ser demonstrado pela existência de pacientes – e, diante dessa categorização, todos podem, infelizmente, se considerar potenciais pacientes. Pode-se discordar de que o mesmo acontece em outras profissões, mas não escapará a ninguém que, no campo da assistência médica, o mínimo aceitável coincide com o máximo de assistência que o conhecimento médico atual permite prever para cada paciente. Além disso, todos os médicos estão de acordo com o fato de que, como sabem melhor do que ninguém que quantidade ou qualidade de assistência deve ser prestada a cada paciente, parece, em princípio, que podemos confiar neles e que eles podem ganhar a independência necessária para estruturar sua profissão.

Acreditamos que essa confiança não surpreenderá ninguém nem levantará suspeitas. Antes de ser cientista, o médico é, por definição e por tradição, um homem de confiança.

A medicina desenvolveu suas técnicas se baseando nesse princípio fundamental de confiança que liga o médico a seu paciente, e vice-versa, até o ponto em que qualquer tentativa de racionalização da profissão que resulte na negligência desse princípio de confiança está fadada a um fracasso inevitável.

---

[1] N. T.: Publicado originalmente como "Els límits de l'estructura liberal de la medicina". *Quaderns d'estudis politics, econòmics i socials*, n. 11, Perpignan, nov.-dez. 1945, pp. 22-24.

Essa é a base da medicina privada, e o médico se tornou praticamente um ser excepcional numa sociedade em que a cada dia vemos a liberdade individual ser limitada.

Além disso, a profissão médica segue sendo o modelo das profissões liberais, tanto que o poder público se limita a intervir em dois de seus aspectos: a assistência gratuita para aqueles que são considerados pobres e a organização de uma pequena rede de profilaxia e controle sanitário da população.

Portanto, parece paradoxal que os mesmos médicos proponham, ao poder público e, em conjunto, perante todos os cidadãos, o problema da limitação de sua liberdade. Assim podemos interpretar o plano de estruturação sanitária estabelecido pelo relatório do Agrupació de Metges Catalans pro Reforma de la Medicina [Agremiação de Médicos Catalães pela Reforma da Medicina], redigido por mim e os amigos [Carles] Martí i Feced, [Jaume] Sauret, [Constantí] Llambias. No entanto, o paradoxo se dissipa se levarmos em conta o fato de que a organização liberal da medicina concede ao médico total liberdade para ganhar a vida, mas não a liberdade de exercer sua profissão com a eficácia necessária. Logo, se os médicos consideram esse problema, no fundo estão apenas demonstrando que merecem a confiança que os pacientes e a sociedade em geral lhes concedem. Ou seja, nesse momento talvez decisivo para a medicina, estão tentando salvar o que é por essência indispensável.

De outro lado, transformar conscientemente a profissão permite evitar a cegueira e a transformação progressiva que ela sofre sob o peso das necessidades de ordem econômica. O homem demonstra suas qualidades e sua liberdade quando leva em consideração as necessidades, antecipando-as e, em vez de suportá-las, dirigindo-as.

O progresso da tecnologia médica é determinante em razão de dois novos fatores, tanto para a prática diagnóstica como para a terapêutica. Primeiro, por causa da frequente necessidade de colaborar com vários profissionais que utilizam equipamentos difíceis de manusear e economicamente inacessíveis para o médico que trabalha na zona rural, assim como para qualquer paciente que não tenha recursos financeiros. Em segundo lugar, por causa da urgência de certos procedimentos que exigem um transporte rápido do paciente ou dos médicos com seus equipamentos.

Não se trata, como se poderia acreditar, de uma generalização do já tradicional hábito de "chamar o médico ao primeiro sinal". Esse hábito, que pertence à classe média catalã, é uma boa prática, mas se torna insuficiente. Em primeiro lugar, porque muitas vezes a reunião de uma "junta médica" acontece tarde demais e, quase sempre, quando se trata de um sintoma grave, quando as coisas vão mal e, às vezes, quando o paciente está à beira da morte. Contudo, esse hábito permanece economicamente limitado às famílias ricas.

Na realidade, o problema da colaboração entre médicos – ou da medicina de grupo, como agora é chamada – se coloca em todas as etapas da doença e até mesmo na prática dos especialistas. Assim, por exemplo, nós, os neuropsiquiatras, na maioria das vezes, não podemos fazer um diagnóstico verdadeiro sem certos exames oftalmológicos e, por vezes, do fisiologista ou internista, sem mencionar a colaboração do laboratório e da radiologia. O mesmo ocorre com os tratamentos: se às vezes podemos estabelecê-los por conta própria, em outros momentos precisamos recorrer à cirurgia ou a um especialista em doenças somáticas. Em nossa vida profissional, muitas vezes descobrimos uma doença tarde demais, depois de vários anos de evolução, ao passo que, se desde o início tivéssemos utilizado boas e custosas técnicas de diagnóstico, ela poderia ter sido descoberta e tratada a tempo.

A ausência de uma verdadeira medicina de grupo resulta em prejuízos no campo das pesquisas e descobertas. Temos um exemplo muito significativo na tão conhecida história da penicilina. As propriedades antibacterianas do fungo *Penicillium* foram descobertas por Fleming em 1928. Até 1938, os primeiros ensaios clínicos não puderam ser realizados, e até 1942 não foi possível obter uma penicilina concentrada e fabricada que permitisse sua aplicação terapêutica.

Sir Fleming trabalhava no St. Mary's Hospital e não conseguiu extrair a penicilina do *Penicillium* (isso foi feito em 1929 em Oxford). Por quê? O próprio cientista inglês nos contou isso em uma recente conferência, publicada na edição de fevereiro deste ano do *Journal of the Royal Institute of Public Health and Hygiene*. "Em Oxford, eles (doutores Chain e Florey) tinham uma equipe completa de químicos, bacteriologistas e técnicos em patologia experimental. No St. Mary's, fiquei sem ajuda de químicos e da School of Hygiene. Raistrick (outro pesquisador que trabalhava com o *Penicillium*) não conseguiu extraí-lo por falta de colaboração de bacteriologistas. O sucesso dos pesquisadores de Oxford constitui um grande argumento em favor do trabalho em equipe nas investigações dessa área." Parece, portanto, fundamental organizar uma medicina de grupo que esteja a serviço do médico de família.

Por razões econômicas, isso não é possível no âmbito da medicina estritamente liberal. Também não é possível que os pacientes paguem por essa medicina caríssima nem que os médicos exerçam sua vida profissional com base na concorrência, com o paciente sendo considerado apenas "um cliente" e o colega médico "um concorrente". É por isso que propomos a organização nacional de "centros de saúde" em Barcelona e nas principais cidades das regiões.

Esses "centros de saúde" não apenas funcionarão como policlínicas mas também se tornarão a unidade de saúde da região, de tal forma que, além de coordenar todo o aparato técnico das especialidades, serão o núcleo de uma verdadeira medicina social. Não somente seus serviços atuarão como consultores a pedido do médico generalista mas também seus serviços de triagem alertarão o médico a cada vez que descobrirem um novo paciente ao examinarem em bloco estudantes de escolas, trabalhadores de fábricas, residentes de centros juvenis etc.

Resta discutir se, tal como no projeto inglês, os médicos serão livres ou não para entrar no "serviço nacional". Esse é um aspecto relativamente secundário, porque o que importa é criar o serviço. Nas reuniões de Toulouse com a Agremiação de Médicos Catalães, proporemos à Generalidade que se limite a coordenar um bom número de serviços já existentes, mas sem ligação com os "centros de saúde". Esses primeiros passos nos darão experiência e nos guiarão para o futuro.

—

Outro aspecto dos limites da medicina liberal, que interessa a um grande número de médicos, é o dos médicos de família e generalistas. Nesse caso, o limite está ligado ao desenvolvimento do sistema de seguridade social. Já explicamos nas páginas dos *Quaderns*[2] o que se deve pensar a esse respeito. O essencial é que um sistema de seguridade possibilite que cada cidadão tenha seu médico de família e que o paciente possa escolhê-lo. Os demais aspectos da questão não têm relação com a eficácia da assistência e são exclusivamente uma questão de caráter social.

Por fim, uma última limitação da medicina liberal reside no fato de que o médico privado, enquanto permanecer privado – por exemplo, o caso de um especialista que não tenha se integrado ao "serviço nacional" –, não pode se considerar desvinculado do centro de saúde de sua região, especialmente no que diz respeito à colaboração de todos os médicos nos serviços de profilaxia e higiene geral do setor.

Vimos, portanto, que o cerne desses dois problemas centrais na organização da nova medicina gira em torno do sistema de seguridade social e dos centros de saúde. Ambas as

---

[2] N. T.: Francesc Tosquelles, "Les Assegurances socials i la medicina". *Quaderns d'estudis politics, econòmics i socials*, n. 6, Perpignan, jun. 1945, pp. 14-17.

instituições têm a mesma importância. Se a seguridade social for organizada sem a criação paralela dos centros de saúde, o paciente sofrerá as consequências.

E a seguridade cometerá uma fraude, pois, mesmo que exija a presença de um médico capaz de curar uma angina ou uma gripe, não oferecerá a nenhum paciente a assistência essencial na maioria dos casos.

O relatório de saúde do Consell Assessor de la Presidència de la Generalitat de Catalunya [Conselho de Assessores da Presidência da Generalidade da Catalunha] acolheu favoravelmente a maioria das soluções propostas pela Agremiação de Médicos Catalães exilados. Isso é motivo para celebrarmos, mas também é importante destacar que, talvez com uma discrição excessiva, o relatório não quis tomar posição sobre as perspectivas de limitação da liberdade tradicional do médico. Os relatores e membros do Conselho aparentemente não compreenderam a crucial importância da organização dos "centros de saúde". Talvez tenham confundido a importância desse trabalho, essencial para uma boa medicina, com o excesso de burocracia nessa mesma área. Talvez se tenham deixado levar por duas tendências muito influentes: o individualismo catalão e o fantasma do socialismo.

A Agremiação de Médicos Catalães pela Reforma da Medicina previu que suas propostas não encontrariam um caminho fácil e tranquilo. É por isso que não se limitará a promover sua causa apenas no âmbito médico nem no nível de influências de ordem política. Por essa razão, decidimos convidar todos os cidadãos, como tais e como potenciais pacientes, a refletir sobre os problemas que os afetam individualmente e, sobretudo, que afetam o interesse coletivo.

TOSQUELLES POR ELE MESMO[1]

Nas origens da análise institucional e da psicoterapia de mesmo nome. Teórico em seus momentos, portanto. Sempre comprometido com a sua prática, mas também – e sem reservas – com a história. Permaneceu "catalão e, consequentemente, universal".

Em minha atividade profissional, sempre reivindiquei minha posição como psiquiatra. Acredito ter demonstrado pelos fatos a operatividade da afirmação freudiana segundo a qual não há incompatibilidade entre psiquiatria e psicanálise. Aos olhos de Freud, eram os psiquiatras – e não a psiquiatria – que se mostravam incompatíveis, cegos e surdos à dimensão psicanalítica da psicopatologia. Eu me pergunto se o que separa os psiquiatras da psicanálise não é menos o inconsciente do que a negação da infância: "Eu sou psiquiatra" significa: "Eu não sou uma criança". Daí a cegueira. Na prática, são levados a situar a infância do paciente em termos de "antecedentes patológicos". Por isso não podem tratá-los. Na melhor das hipóteses, trarão à tona o conflito sexual adulto ou a crise da puberdade.

DIANTE DA MORTE

Essa suposta incompatibilidade constitui um dos pilares do "operotropismo" da atividade médica. Não se trata apenas de defesa diante de pulsões de matiz erótico, mas de posições fóbicas, e não apenas infantis, diante da morte. Seja com [Melanie]

1 *L'Âne: Le Magazine Freudien*, n. 13, 1983, pp. 3-5. Este texto é um extrato de uma longa e calorosa entrevista de François Tosquelles com J. C. Godin, J. P. Klotz, J. D. Mater, J. Millet, J. C. Zudas. A revista *L'Âne*, pouco familiarizada com a língua catalã, agradece a Marie Budia e Joseph Zudas por terem lhe prestado ouvidos e atenção para decifrar a gravação.

Klein e sua dramática agressividade, seja com [Jacques] Lacan e seu estádio do espelho, não é mais possível se estabelecer na simples analogia entre castração e morte. E é verdade que um cheiro de cemitério invade o campo da loucura e se manifesta em cada um de nós, sufoca as palavras da morte, contornando-as ou cobrindo-as com rosas e outras tolices barrocas. Ou ainda, com demasiada frequência, os fusíveis do aparelho psíquico queimam: então a *coexistência original* de si e do outro faz-se presente na teatralidade dramática que conhecemos.

"Faça amor, não faça guerra" é um bom ideal. Mais vale dizer que é uma bobagem. Pessoalmente, beneficiei-me do mais-valor de sentido que resultou para mim da Guerra Civil Espanhola e, sem a luta dos resistentes franceses na Lozère, a velha múmia de Saint-Alban nunca teria despertado. Não foi um psicodrama ideológico. Fiquei duas vezes diante do pelotão de fuzilamento.

DUPLO PODER E EFEITOS DO TEMPO

No entanto, tudo isso tomou seu lugar nas sequências e referenciais mencionados em minha análise didática: rearticulado, não integrado. Não sou fundamentalista. Em retrospectiva, isso pode iluminar perspectivas futuras, ou até mesmo formulações teóricas.

Muitas vezes um caminho estreito se abre entre duas nuvens na práxis social da psiquiatria, ou mesmo da política... talvez. Pode ser o que você chamou de "minhas ambiguidades". De fato, não se trata de hesitações ambivalentes, mas da consideração e do aparelhamento do entre-dois-poderes.

O espaço de qualquer psicoterapia não é um espaço destinado a acolher o "real" para fazê-lo renascer. Trabalhamos apenas no nível dos fantasmas que se articulam nele, permanecendo ao mesmo tempo em suspense. Isso não significa que nos envolvemos em uma fantasmatoterapia exclusiva. Não destrua os fantasmas. De tanto querer destruí-los, são eles que destroem você. Há um tempo para tudo, e um tempo e um lugar para cada coisa. Há sempre e sobretudo uma abertura do tempo que faz sentido e o transforma. É na transferência que isso acontece, mesmo fora da situação psicanalítica que possibilitou sua descoberta. Isso permanece ativo em muitos casos em que a "instituição" do divã não é operacional. A importância pragmática do duplo poder e da pluralidade dos espaços percorridos parece evidente. Identificáveis?

Essa é a questão que, em nossa prática, definimos como análise institucional, uma condição *a priori* de qualquer psicoterapia institucional possível ou mesmo, como especificou Bleger, de qualquer percurso psicanalítico. Ida Macalpine já falava desse *a priori*, que muitas vezes se tornou um ponto cego para muitos analistas na chamada contratransferência. Devemos chegar a um consenso sobre o conceito de instituição. Não podemos eliminá-lo da ambiguidade, substituindo-o pelo termo "estabelecimento". Muitas vezes me esforcei para estabelecer as diferenças e os âmbitos muitas vezes opostos. Com pouco sucesso, devo admitir, uma vez que todos nós estamos "estabelecidos".

O poder muitas vezes não está onde prevemos que esteja, ou onde acreditamos situá-lo. A análise institucional visa a identificar seus pontos de ancoragem, suas formas e, em particular, seus efeitos no campo do imaginário projetivo. É nesse ponto que a análise institucional se estende para a psicoterapia institucional.

Estamos, nesse caso, no nível da dialética do fantasma. Desde o início, existem sempre dois poderes, não é? Mamãe e papai. Não há outra forma de se sair bem senão esgueirando-se entre os dois. Freud conhecia o alcance da Mulher dentro dessa problemática identificatória, embora tenha feito do desejo dela o enigma fundamental e irredutível. Inversamente, de certa forma Adler apagou esse enigma em benefício da estrutura da fratria. A ideologia socialista e cristã, ou cristã-socialista, tirava partido disso, em benefício da luta pelo poder nas miragens da onipotência.

A ESTÁTUA DO COMANDANTE

Teorizo como todo mundo, embora não tenha a pretensão de publicar muitas das minhas reelaborações de uma práxis na qual me envolvi, como todo mundo, com tudo o que compõe a história concreta da minha vida: temas do meu leque de escolhas e rejeições, em que o possível abandonado, ou mesmo não manifestado, no transcorrer do caminho vem se cruzar com aquilo que acolho na práxis clínica e assim – por que não? – se recuperar.

Mas, na verdade, desconfio um pouco de todas as teorias, e em primeiro lugar das minhas. Desconfio em particular de nossas inclinações para a abstração. Isso não quer dizer que adotei a crítica à psicologia freudiana, como fez Politzer, por quem confesso ter tido uma queda; também não percebi que Freud estava anunciando o capítulo final da psicologia concreta ou abstrata. Eu estava mais inclinado a fechar a porta para a filosofia, como fez Marx, e também Freud.

Mas como o fantasma expulso da casa – a que se apegam as bênçãos mágicas e os rituais de limpeza, e até mesmo a cultura –, a sociologia, a psicologia e a filosofia retornam pela janela e muitas vezes se acomodam sob as toalhas brancas da mesa ou debaixo das camas. Nesse momento, eu privilegiava a transferência histórica concreta. A verdade era psicodramática. Foram os impasses da psicose, a verdade erguida como estátua do Comandante, ao pé do muro, que me levaram a uma releitura de Freud, sempre em contato com a minha experiência clínica e pessoal.

ROMANCE CATALÃO

Não afirmo que seja a melhor possível. Experimento e me comprometo com minha bagagem. Durante e após a Guerra Civil Espanhola, vivi a experiência de perder minhas malas, até mesmo meus pertences, para poder me aliviar delas sem pesar, ajustando meus abandonos, ao capricho do desenrolar do processo de cura. Às vezes acontece de eu recuperar as minhas fichas; às vezes, acontece de eu as deixar como perdas e ganhos.

A aventura de Saint-Alban, que foi fundamental para mim – e não apenas para mim –, remete a outras "fundamentações" passadas... transpostas, eu diria, não negadas, ligadas tanto pelo fio vermelho do desejo que me define como terapeuta quanto pela sequência interrompida e deslocada dos acontecimentos.

Saint-Alban não foi, para mim, apenas uma operação de sobrevivência, tampouco de hasteamento de uma bandeira ultrajada. Não vim para conquistar a França, mas me senti em casa na Lozère. Não apenas fui bem recebido por meus colegas e, em geral, por muita gente, como encontrei ali significantes da história do Languedoc que de fato eram meus, no meu romance das origens. Bebi das minhas fontes e a luta antifascista se inscrevia na continuação dos meus atos entre os espanhóis, dessa vez despidos de todo ressentimento histórico em relação à Castela e suas formulações imperiais. A Catalunha sempre foi uma região marginalizada! Nossa cultura maltratada soube resistir e sobreviver sem se fechar numa torre de marfim, mas também sem querer impor-se a ninguém. Foi isso que pontuou de longe, muito longe, o fundamentalismo que tornei presente em Saint-Alban. Um catalisador, mais do que um agente combatente trazendo uma rígida ideologia pessoal.

ORTODOXO, JAMAIS...

Não celebro a marginalidade, mesmo que eu, como todo mundo, tenha traços históricos e paranoicos. Todavia, é uma alegria que desde 1939 eu tenha me encontrado marginalizado. Alguns me chamam de vermelho ou progressista, outros de reacionário; no contexto psicanalítico, alguns me consideram kleiniano, outros lacaniano, ou até mesmo psicodramatista.

De fato, é verdade, nunca fui ortodoxo; posso prestar à confusão. Porém, nunca ou quase nunca sou confuso na minha práxis, se bem que eu possa, se necessário, mudar a minha estratégia.

Em todo caso, sem a marginalidade, o próprio Lacan não teria sido Lacan. E nossas atitudes, cada um em seu campo de atuação, teriam sido sobretudo de dois *lacanianos*. Tudo é relativo e a estupidez também; e certamente não deve ser desprezada. A estupidez é a fonte da ciência e seus efeitos são muitas vezes terríveis.

A Lozère também foi o reino do duplo poder manifesto: primeiro a clandestinidade e o Estado oficial – reduzido a uns papéis comprometidos pelos alemães e pelo pessoal da prefeitura, ou mesmo pelos gendarmes que faziam jogo duplo, com certa tendência à loucura… da luta pela libertação. Depois teve um outro poder duplo, o de Paris – dos ministros – e das forças locais. Tivemos de navegar entre os dois. Em alguns momentos, temi, não sem razão, a minha provável e iminente demissão. Oury, meu amigo e colaborador, prestou-se a uma manobra para manter a minha sobrevivência, em caso de infortúnio. O resultado foi a criação da clínica La Borde e seus efeitos de sentido no meio parisiense. Há males que vêm para bem.

Para muitos, Saint-Alban teve um papel mítico. Existem mitos contundentes. Não confundam mito com mistificação. A Guerra Civil Espanhola, meu papel como combatente, ou melhor, como psiquiatra, tinha um significado mítico para os meus colegas de Saint-Alban e de outros lugares, especialmente para alguns espanhóis.

TRAMPOLIM FILANTRÓPICO

Nos anos 1960, quando retomei o contato com o Instituto Pere Mata – local do meu nascimento para a psiquiatria, a partir do meu sétimo ano –, uma freira já idosa que havia participado muito ativamente das nossas atividades entre 1932 e 1936 me abraçou e me parabenizou por "ter sido mandado embora", já que a minha cabeça estava a prêmio. "Foi a sua sorte", me disse. "Essa demissão salvou você de ser um médico acomodado e satisfeito com a vida." Palavra do Evangelho. Sempre tive uma queda por freiras, belas mulheres indiferentes que representam a melhor forma de histeria socializada.

O Instituto Pere Mata de Reus foi e de certa forma continua sendo a minha plataforma de lançamento para a psiquiatria e, depois, para a psicanálise. Ele foi criado e moldado de forma um tanto megalomaníaca ou pretensiosa, com grandes objetivos "filantrópicos": resgatar os loucos das celas policiais de *Cal Aguille* e das deportações para Madri. Na Catalunha, toda psiquiatria, institucional ou não, foi obra do "iluminismo" contra o "obscurantismo" do Estado espanhol. Não havia *Manicomios del Estado* na Catalunha. Como toda a renascença cultural e política da *Catalunya*, ela foi obra de uma burguesia combatente em pleno desenvolvimento, ao contrário da maior parte da Espanha, que tinha uma estrutura agrária e latifundiária.

O Instituto Pere Mata se concretizou no início do século. O doutor Brianso foi a peça fundamental. Ele era amigo íntimo do meu tio, outro médico "esclarecido" e "filantropo". Brianso conseguiu o feito de obter o apoio financeiro, além daquele dos comerciantes da cidade e do movimento operário, de capitalistas mais abastados, mas não menos filantropos e catalanistas.

O TIO IDEAL

Meu tio, talvez idealista demais, abandonou o projeto e tornou-se médico de aldeia – a quatro quilômetros de Reus. Era a melhor maneira, dizia ele, de exercer a psiquiatria. Ele representava o ideal da minha mãe e, portanto, querendo ou não, o meu também. Acrescento que ele lia Freud em alemão e discutia sobre ele com Brianso.

Naquela época, mensalmente, o Instituto Pere Mata publicava um boletim que se pretendia científico. Em 1912, ano do meu nascimento, meu tio publicou um artigo nesse boletim (eu soube depois, é claro) no qual ele anunciava o advento da psicanálise e "profetizava" as mudanças que, por causa disso, iriam revolucionar a estrutura moderna do Instituto: curas com aparelhos elétricos, banhos, terapias ocupacionais e recreativas para os pacientes iriam tomar uma feição completamente diferente. "O que importa na loucura é o sentido do inconsciente". Quando era criança, passei longos períodos na casa dele, por isso conhecia Brianso e o próprio Instituto. Após a morte de Brianso, em 1922, o Instituto teve um declínio de atividade. Recuperou o dinamismo em parte graças àquele que se tornou o primeiro professor de psiquiatria da Universidade Catalã: Emilio Mira y Lopez. A psicanálise deve a ele, entre outras coisas, o seu direito de cidadania na Catalunha e na Espanha. Com ele, passei pelos estádios do eu ideal e do ideal do eu e tive acesso ao leque de teorias e práticas psiquiátricas ao nosso alcance. Ele não era nada eclético, mas estava ciente de tudo o que acontecia na psiquiatria internacional; não era ingênuo na política nem exibicionista, embora sua ética o orientasse para a pedagogia e o estudo psicológico do trabalho. Ele dirigiu o centro de estudo, seleção e orientação profissional de Barcelona, o primeiro do mundo, depois de Chicago.

Graças à repressão na Áustria pelas armas do "pequeno católico" que todo mundo conhece, e depois na Alemanha de Hitler, os refugiados políticos vieram para Barcelona, que desde o fim de 1931 até 1936 foi o berço da convergência de todas as correntes analíticas. Assim, fui analisado não mais do que dois anos por Sandor Eiminder, um psicanalista infantil da equipe de Aichhorn. Ele dizia que era primo de Freud, mas eu nunca soube se era uma metáfora ou se existiam laços de parentesco reais entre eles.

BARCELONA REPUBLICANA

Cheguei muito jovem a Barcelona, no fim de 1926. Com apenas quinze anos, concluí o ensino médio. Não pense que eu era uma criança exemplar, trabalhadora e bem-comportada. Sempre me diverti e, mesmo quando estou trabalhando, se posso, ainda me divirto. De 1927 a 1930-31 – ano da Proclamação da República e da República Catalã, primeiro em Barcelona, em 14 de abril – muitas coisas aconteceram comigo. Primeiro a agitação universitária e depois meus encontros com as primeiras quinze ou vinte pessoas que ousaram se declarar comunistas. Mira estava entre os socialistas de Barcelona e foi um dos que fundaram, na clandestinidade, a Federação Comunista Catalã-Balear. Ela se espalhou rapidamente. Porém, monsenhor Stálin logo mostrou sua insatisfação. Ele exigiu três coisas: primeiro, que denunciássemos o caráter reacionário dos socialistas, anarquistas e republicanos; segundo, que fôssemos a Madri falar castelhano; e, por último, que um certo número de nós fosse se formar em Moscou. Evidentemente, todos nós ficamos onde estávamos e a "Federação" foi dissolvida por Stálin em favor do Partido Comunista Espanhol. Então fundamos o Bloco Operário e Camponês. Em Madri, a *intelligentsia* comunista era francamente trotskista. Não em Barcelona. Eles foram apelidados de Partido do Táxi: quando atingiam o volume numérico capaz de caber em um táxi, fundavam um novo partido. Talvez haja algo parecido na dialética dos grupos psicanalíticos.

O POUM [Partido Operário de Unificação Marxista] sucedeu ao Bloco, uma tentativa tardia e fracassada de produzir uma "aliança operária" de nível incomparável com a rotina dos militantes do partido francês, tal como a conheci. Em 1932, no Ateneu Enciclopédico Popular de Barcelona, fui uma das figuras centrais de um seminário noturno que, por três meses, estudou as relações entre Marx e Freud.

UMA INFLAÇÃO BEM-VINDA

Da minha experiência política militante, ou mesmo militar, o que retive, sobretudo, foi uma metodologia na análise institucional concreta *in situ* e uma prática de grupos com suas incidências mútuas. Freud já havia observado que apenas a igreja e o exército têm uma prática concreta com grupos, mas ele não os estudou em detalhes: a função dos líderes na psicologia das massas é muito diferente, manifestamente ligada à questão da fascinação hipnótica. Em pequenos grupos também, mas é mais fácil desarmá-la.

No entanto, não pretendo tirar da cartola a gloriosa convergência de Freud e Marx como a chave da nossa vida cotidiana e, obviamente, da psicopatologia. Não existe solução mágica, apenas simples procedimentos passo a passo. Isso não exclui que ocorram saltos, muito pelo contrário. Mas há momentos em que uma certa inflação psíquica sobre certezas é bem-vinda. Quando atravessei os Pireneus, apesar do drama, do cômico e do trágico da minha fuga da armadilha fascista, cheguei à França em um estado de *inflação psíquica* sobre o que é possível fazer na psiquiatria. Eu tinha experimentado a psiquiatria de guerra em Aragão, e principalmente nos *fronts* espanhóis do sul. Em pouco tempo, eu e alguns amigos montamos não apenas serviços psiquiátricos válidos – móveis e fixos –, mas também uma "comunidade terapêutica" em Almodóvar del Campo.

Uma coisa era óbvia para mim: durante a guerra, muitos psicóticos se curam. Como alguns delirantes e esquizofrênicos do hospital eram verdadeiramente antifascistas, não via por que eles não poderiam participar pelo menos da construção das trincheiras: não foi verdadeiramente um sucesso, por causa da hostilidade dos militares, mas, de certa forma, eu criei o primeiro serviço psiquiátrico aberto.

UMA ALAVANCA SUSTENTÁVEL

No Instituto Pere Mata, eu, Mira, Vilaseca e outros fizemos uma leitura crítica da tese de Lacan. Eu trouxe essa leitura para a França e a difundi pelos amigos de Saint-Alban. Para mim, não se trata apenas do campo psicanalítico, mas sim, e desde o início, *como introduzi-lo* onde ele é indispensável e facilmente rejeitado.

A tese de Lacan constituiu de certa forma uma alavanca. Conheci Lacan entre os remanescentes do grupo dos internos de Paris de 1936, na *preparação* das muitas jornadas de Bonneval, especialmente na casa de Ajuriaguerra, ou mesmo antes, na casa de Colet, onde às vezes se encontravam os psicanalistas que haviam sobrevivido à guerra e membros agitadores da Evolução Psiquiátrica.

No entanto, me recusei a criar uma seção de psicoterapia institucional sob a bandeira exclusiva do lacanismo: havia uma problemática dos grupos, até mesmo das instituições, onde a atenção e a experiência de Lacan me pareciam insuficientes. Isso não significa que considero a abordagem lacaniana no campo psicanalítico uma "moda". Ele realizou um trabalho salutar, inclusive para aqueles que o odiavam e combatiam com paixão. Dois dos resumos, publicados nos *Annales Médico-Psychologiques* de 1947, das revisões teóricas realizadas durante a guerra em Saint-Alban referiam-se à psicanálise e explicitamente às concepções de Lacan... Vejam que isso vem de longe... e persiste... sempre com nuances...

O QUE SE DEVE ENTENDER POR PSICOTERAPIA INSTITUCIONAL?[1]

Embora se fale muito de psicoterapia institucional – pelo menos na França –, não esperem, nesta breve nota, que eu desenvolva uma exposição clara ou apresente casos significativos. Não tentarei nem sequer engrenar uma enumeração das condições ideais de sua prática. Em particular, não abordarei os pressupostos técnicos instrumentais indispensáveis e não discutirei o papel e a importância dos clubes de pacientes, das reuniões de equipe, do lugar e do papel possível das psicoterapias de grupo ou outros tipos de psicoterapias – mesmo tratamentos biológicos em estabelecimentos de saúde, quando estes se inserem numa perspectiva de psicoterapia.

Em suma, não falarei sobre o que constitui o quadro e as condições mínimas indispensáveis para estabelecê-la. Por outro lado, durante a minha apresentação, ousarei, com alguma imprudência, destacar alguns aspectos teóricos, tal como eles foram se revelando ao longo dos anos e se tornando mais ou menos precisos em decorrência dos esforços de um grande número de estabelecimentos franceses, com orientações e impactos diversos. Como vocês verão, minha apresentação sobre esse ponto específico não pretende definir essa prática de maneira dogmática, pois prefiro dizer que a psicoterapia institucional não existe em lugar nenhum, existe

---

[1] Transcrição da conferência apresentada no III Congresso Internacional de Psicoterapia, Sociodrama e Terapia Institucional, realizado em Praga em setembro de 1968. Publicada como "Que faut-il entendre par psychothérapie institutionelle", *L'Information Psychiatrique*, n. 41, 1971, pp. 377-84. O mesmo texto foi apresentado no III Congresso Internacional de Psicodrama, Sociodrama e Terapia Institucional, realizado em Baden em setembro de 1968.

somente um *movimento* de psicoterapia institucional que nasce e renasce nos estabelecimentos psiquiátricos clássicos. Assim, se nos ativermos a essa longa experiência, podemos dizer que o movimento de psicoterapia institucional resulta da própria crítica interna dos estabelecimentos psiquiátricos e daquilo que eles sustentam. Ele revela suas contradições originais e concretas: aquelas que se escondem e se tornam estéreis no imobilismo dos estabelecimentos, aquelas que se engessam por meio de uma prática deliberadamente segregacionista, visando à criação de barreiras tão artificiais quanto artificialmente intransponíveis entre o interior e o exterior, entre a vida social da cidade e a vida asilada, entre o normal e o patológico, entre o somático e o psíquico, entre os regulamentos fixos e os papéis ocasionais, entre o indivíduo e o grupo, entre o grupo familiar e o grupo terapêutico, entre o passado e o futuro, entre a racionalidade adaptativa (ideológica, científica ou delirante) e o suposto irracionalismo inconsciente, entre estrutura e história.

Esse movimento *in situ*, como diria Moreno, se não queremos perder de vista a ancoragem terapêutica que se pode esperar para cada paciente à mercê de suas próprias contradições, não pode nem se precipitar nem evaporar no caminho leve proposto *a priori* e de maneira abstrata ou intelectual por um *voluntarismo* psiquiátrico acadêmico, obsessivamente previdente, benevolente e opressivo em graus habilmente distribuídos pela autoridade científica e social do terapeuta responsável.

Esse movimento *in situ* não pode resultar do desvelamento de contradições abstratas sem relação com a ação do cotidiano. Tal movimento é, antes de tudo, condição e efeito de uma *clínica* que, como diria Daumézon, só pode ser uma *clínica de atividades*, na medida em que essa ação é articulada ou, pelo menos, é *articulável ao conjunto* do hospital. Ou então teríamos de dizer, com mais precisão (para evitar qualquer mal-entendido idealista, armadilha do imaginário totalitário ou pseudogestaltista), que o que precisamos primeiro é instaurar a ação: as atividades que podem romper com a rigidez artificial dos estabelecimentos clássicos. Ainda mais que sabemos que dentro e por meio dessa estrutura clássica de estabelecimentos o que se instaura é o *silêncio* em todos os níveis, principalmente a criação e facilitação de frágeis refúgios no silêncio, no sintoma ou, em outros termos, no silêncio dos sintomas onde os pacientes se refugiam, senão com complacência, ao menos com uma atitude de compromisso ou até mesmo de abdicação. É o que podemos chamar de "hospitalismo" e, de maneira menos adequada, de "doença institucional"; pois nesses casos não se trata de instituições, mas sim de estabelecimentos anti-institucionais, de estabelecimentos organizados para impossibilitar o nascimento de verdadeiras instituições.

Vocês poderão perceber pela nossa exposição o que se deve entender pela nossa ênfase preferencial ou aparentemente preferencial a respeito da ação ao longo do percurso da psicoterapia institucional. Trata-se apenas das atividades que constituem uma oportunidade privilegiada para o desencadeamento das trocas pelas quais a fala virá à tona. Por isso peço licença para, de agora em diante, chamar sua atenção para as semelhanças e as diferenças que já podem ser estabelecidas entre o que constituiu o desenvolvimento histórico do psicodrama e a "revolução psicométrica", de um lado, e, de outro, o da psicoterapia institucional. Em algumas ocasiões, me dediquei a essa tarefa de esclarecimento teórico, destacando assim a nossa dívida para com o trabalho de Moreno. Mas, da perspectiva da psicoterapia institucional, a ação não é sempre e sistematicamente confinada numa estrutura imaginária – ou, se preferirem, numa estrutura de "jogo" – por constituição. No nosso caso, nossa abertura ocorre em benefício da espontaneidade das ações dos grupos que impulsionam e se institucionalizam no devir de um movimento do estabelecimento. Para nós, trata-se de ações ou reações à pulsão encarnada ora pelos médicos, ora pelas enfermeiras, ora pelos pacientes ou por todos juntos, de uma maneira descontínua e como consequência de misturas espontâneas e aleatórias; no entanto, tais fatos em si são apenas anedóticos, pois o que conta, o que permite contar, são *os efeitos dos cortes na vida cotidiana*, a partir daí diversificado e apto – mediante o jogo das oposições significativas que se revelam – às permutações que *permitem a dialetização do desejo*.

Em outras palavras, ao contrário do que compreenderam alguns, não precisamos compreender nossa *vontade* de ação como uma vontade – desiderativa – de transformar os estabelecimentos de saúde segundo um "ideal" reformista mais ou menos justificado. Nosso objetivo não é nem uma reforma nem uma revolução concreta da assistência que nos levaria a *fixá-la* em uma nova estrutura, projetada de uma vez por todas como a melhor. Nosso objetivo é o próprio *movimento* pelo qual algo do desejo dos pacientes, superando suas distorções, seus bloqueios ocasionais, possa acessar a fala. Isso implica, evidentemente, sua participação na vida das instituições que surgem nos estabelecimentos de saúde ou em outros locais. E isso só é possível por uma certa disponibilidade e abertura às mudanças nos ambientes terapêuticos constituídos.

É possível ver, pela nossa última frase sobre o desejo, de maneira mais do que insinuada, que o movimento da psicoterapia institucional tem, pelo menos na França, a pretensão de se constituir como uma referência à obra freudiana – sem obedecer a um naturalismo ou a um materialismo primitivo não dialético que ignoraria o processo de humanização da natureza em cada pessoa. Acreditamos, como Freud, e mais radicalmente explicitado por Lacan, que *o campo da psicoterapia é o campo da fala*. Contudo, o acesso do desejo à fala é sempre mediado, ou até mesmo barrado – se entendemos por "barrado" não uma proibição, um impedimento, causado apenas por limitações sociais, mas algo que desde o início seria consecutivo à "*splitting*" [clivagem], diferença ou divisão, que, como sabemos desde os trabalhos de Saussure e dos linguistas (convém prestarmos homenagem aqui à Escola de Praga), é exigida precisamente entre o *significante* e o *significado*.

Toda a problemática da psicoterapia acontece e se forma no campo da fala, não para regredir a posições afetivas ou genéticas – ou, como se diria em estratégia militar, em posições previamente preparadas, posições que o psicoterapeuta ajudaria o paciente a reencontrar, como se fosse *em busca do tempo perdido*; é antes um procedimento que, partindo do engodo da fala, da recepção reservada do significado, visa redescobrir o jogo das permutações, o jogo dos "deslizamentos" de sentido – que, por meio do conhecido mecanismo de condensação ou deslocamento (sobretudo metonímias e metáforas) – coloca o significante em jogo. Portanto, é por meio do dizer que temos de esperar e entender que *isso* fala, que *isto* fala. Por conseguinte, é por meio do silêncio dos sintomas, às vezes barulhento, que temos de esperar e entender; é preciso entendê-lo em seu procedimento, em seu processo de humanização a partir das leis da linguagem, que, em última análise, permitirá uma expressão verbal sempre mais ou menos mistificada.

Peço licença para fazer uma referência, da qual não preciso destacar o possível impacto irônico – vou tomá-la emprestada de Stálin, para quem a linguagem, dizia ele, não é uma *superestrutura*. E, nesse sentido, concordaríamos com ele precisamente na medida em que a linguagem é linguagem e não pode ser confundida com a fala. A fala – e a ideologia – é, de fato, uma superestrutura, mas não a linguagem. A linguagem é o que permite, em última análise, *qualquer configuração de uma dialética de trocas* e isso, é claro, se desenrola no tabuleiro em constante movimento das relações de produção, sempre em mudança, jamais estático.

Assim, dizer "campo da fala" para definir o lugar e o que está em jogo na psicoterapia é, sobretudo, delimitar e designar ao mesmo tempo a *si mesmo e ao outro, no reconhecimento ou no desconhecimento do desejo*; sem esquecer que o desejo se infiltra nos meandros da ação, na ilusão da demanda explícita ou ainda nas motivações ou nas intencionalidades mais ou menos conscientes.

O campo da fala não emerge de um indivíduo abstrato e solitário, de um indivíduo que não seja um produto social, histórico, não articulável com *os outros*. Delimitar campos de fala com *os outros* talvez seja o principal da psicoterapia institucional e, evidentemente, não pode ser obra apenas do terapeuta, a quem cabe, no máximo, simplesmente, talvez, preparar o terreno ou disponibilizar vias não coercitivas, vias que a psicoterapia poderá percorrer.

Mas a fala não pode jamais ser um simples acontecimento do *eu* [*moi*] com o tu, isolado do contexto social e de toda pré-formação *ex nihilo*. Na fala, nunca se é dois; há pelo menos uma referência a um terceiro, a um mediador e, em última instância, àquilo que, com razão, devemos chamar de instituição, em oposição precisamente a tudo o que, nas instituições, é ocultado em benefício do estabelecido, quer seja o estabelecimento ou o Estado: nada menos do que o sujeito do desejo.

Uma das tarefas de elaboração teórica importante do nosso grupo foi o trabalho da senhorita Michaud sobre o que significa instituição e, aqui, não devemos nos enganar: quando utilizamos o termo "instituição", insistimos no *processo de institucionalização*, ou seja, na existência das instâncias intermediárias ou mediadoras que são as instituições: dispositivos, podemos dizer assim, capazes de favorecer a dialética das trocas em todos os níveis. Sendo assim, não devemos confundir nenhum estabelecimento com o sistema de institucionalização de alguns dos nossos serviços, especialmente o de Saint-Alban, e aquele que, com mais coerência interna e uma elaboração teórica mais aprofundada, foi forjado pela equipe de psiquiatria do Château de la Borde. Portanto, não devemos confundir a institucionalização, no sentido que acabo de especificar, com a implementação burocrática de locais de atividades, seja a implementação de terapia ocupacional ou mesmo de técnicas de psicoterapia de grupo ou de psicanálise clássica em um estabelecimento onde tudo é feito para que *isso* não fale. Essas últimas eventualidades, apesar das aparências, podem constituir defesas intransponíveis que, se for o caso, podem impedir o nascimento do desenvolvimento do processo de institucionalização em curso – ou desviá-lo para becos sem saída –, o que deve vir fazer o terceiro termo operador por mediação na dinâmica das trocas, nas quais algo do desejo chega a ser articulado e dialetizado com o outro.

Por outro lado, já é estar no caminho da psicoterapia institucional quando se facilita o surgimento, em um estabelecimento de saúde, de *diferentes espaços* que possam se tornar verdadeiros campos de fala suscitados pela institucionalização de diversas práticas. Entre essas diversas práticas, não deixo de incluir, é claro, a terapia ocupacional, a ludoterapia e talvez, ainda mais, aquela que se endereça e se engrena no nível do corpo – a organo- ou somatoterapia. Visto que é ainda aqui que devemos compreender que *isso* fala e, portanto, que *isso* entra no circuito das trocas, na maioria das vezes pelo discurso que se faz sobre o corpo – por assim dizer, do corpo pessoal do paciente, quando esse discurso não constitui, em uma "objetivação" desajeitada e cativante do médico, um bloqueio ao sistema de trocas; enfim, quando o médico a quem esse discurso parece se endereçar se concebe como um ser em si ou, no máximo, como um "representante representativo" de instituições alienadas e pseudo-objetivas, como a Faculdade ou mesmo o estabelecimento de saúde.

Devemos dizer de passagem que, por outro lado, o sistema de trocas comporta uma institucionalização em que o médico, se vier a desempenhar um papel de destaque, deve fazê-lo no sentido cinematográfico da palavra e não no sentido das hierarquias. Tal papel será desempenhado por ele, estritamente falando, enquanto "representante da representação" e não enquanto "representante representativo".[2]

É somente nesse momento que, nesse campo da fala – através dos sintomas, através das articulações dos contatos e das interferências da equipe e também dos pacientes, através da demanda consciente e, sobretudo, através das capas ou coberturas do dizer –, algo do desejo vem à tona e a posição do sujeito diante dele pode ser reelaborada ao longo do caminho da psicoterapia.

O que, na verdade, é esse "eu [*moi*] autônomo", essa identificação de si consigo mesmo ou com as imagos parentais, essa personalidade em situação de fracasso a propósito da qual nos deleitamos nos reflexos do saber psiquiátrico – ou psicanalítico – e que não seria, desde o início e dialeticamente, a posição do sujeito diante do desejo?

A partir de então, os estabelecimentos de saúde tornam-se, por meio da ação interna que ali se desenvolve, apenas um caso específico dentre os vários isolados culturais em que o homem se humanizou pela ação (frequentemente conflituosa), pela ação nos vários coletivos onde pôde – ou falhou em – tornar-se homem precisamente no processo avassalador de mudança que é a passagem do ser da natureza para o ser da cultura. Isso não significa que a psicoterapêutica se inscreve como pedagogia. Pelo contrário, parece-nos essencial que o grupo ou coletivo de profissionais da saúde não confunda cultura e pedagogias.

Aqui é muito oportuno lembrar que o primeiro isolado cultural – onde ocorre, sob diferentes formas, a transformação do ser da natureza em ser humanizado – é a célula familiar.[3] Uma psicoterapia institucional não poderia ignorar isso,

---

[2] Ver sobre esse assunto as discussões das diversas escolas francesas de psicanálise quanto à tradução do termo freudiano *Vorstellungs-repräsentanz*.

[3] É no âmbito daquilo que poderíamos chamar de estrutura familiar de origem que confluem as demandas pulsionais (na infinita variedade que caracteriza cada uma), tanto as que são espalhadas por cada membro do par gerador e da fratria quanto as que derivam da sociedade global e das

justamente para não cair na armadilha "ideal", que se delimita pela busca de uma readaptação do paciente à sua família, e não esquecer que a família é um dos grupos sociais – o grupo original – nos quais o processo de institucionalização vem articular o tecido linguageiro colocado em xeque pela suposta doença mental, distorção ou bloqueio do processo de humanização de cada paciente.

É, de fato, no âmbito da constituição do tecido linguageiro originário de cada pessoa, das suas marcas, que a ação psicoterapêutica se reinscreve por meio de uma rearticulação na qual os processos de transferência e regressão encontram sua função operacional, como a encontram, aliás, o indispensável reconhecimento, o respeito, o desenvolvimento ou a demolição – *secundum artis* – das "*defesas pela realidade*".

No entanto, o que me parece grave, como já dizia Saint-Just, é acreditar que exista *apenas um* grupo ou instituição que desempenhe um papel no processo de humanização. Isso é teoria monarquista, ideologia monarquista. Na verdade, o homem sempre esteve imerso em vários processos de institucionalização. É a partir dessa coexistência entre grupos – nos quais algo, às vezes heterogêneo, e felizmente heterogêneo, pulsa – que se estabelece (graças, eu diria, à institucionalização) o homem em sua humanidade.

A partir do que eu disse até agora, podemos considerar que a história concreta da psicoterapia institucional deve, por

---

relações de produção características do momento histórico do local de existência dessa célula familiar. Diga-se de passagem que é a partir de uma conceituação rigorosa dessa problemática que se podem evitar as armadilhas teóricas em que muitos autores caíram, por ocasião da noção aproximada e muitas vezes confusa do superego. Contudo, para realizar tal reflexão, é fundamental reexaminar a noção de pulsão; enquanto esta for concebida a partir de uma perspectiva biológica, instintiva, naturalista ou médica – tomando como ouro puro um dos polos da hesitação freudiana sobre esse assunto – não conseguiremos escapar dessa confusão. (Ver sobre esse assunto o trabalho de vários grupos psicanalíticos franceses sobre o tema "*Vorstellungs-repräsentanz*" já citado.)

definição, acompanhar de perto as modificações históricas e concretas da assistência psiquiátrica, ou seja, dos estabelecimentos de saúde. Isso só pode ser feito graças a ações que se articulam no tempo, e que não se articulam apenas pela onipotência imaginária do médico ou do diretor da instituição ou mesmo de uma equipe qualquer na linha de frente. Ela se desenvolve por meio de ações conjuntas e articuladas – o que não quer dizer idênticas – da equipe de saúde (que não entendo por que continuamos a chamar de "auxiliar", auxiliar de quem?) e os próprios pacientes. Essa conjunção de ações implica a elaboração de uma estratégia *in situ*. Pessoalmente, não fico nem um pouco alarmado ou escandalizado como ficou, por exemplo, dois anos atrás, em Barcelona, no último Congresso de Psicodrama, se bem me lembro, a senhora Abraham, que exclamou – num aparte bastante audível da sessão plenária – diante do que veio à tona, segundo as palavras desse mesmo congresso, como uma espécie de complô dos médicos franceses: "Mas isso é política!". Sim, isso é política, no sentido de que "isso" é uma ação do animal humano que, como sabemos desde Aristóteles – se minha memória estiver correta –, é um animal político. Não ficamos chocados porque, de fato, a conjunção dessas ações pode ser chamada propriamente de uma ação política. O que, obviamente, não se sobrepõe mecanicamente (longe disso) aos modelos tradicionais dos "políticos" de profissão ou vocação. Todavia, a suposta neutralidade técnica não pode ser fundamentada na sua ignorância. Portanto, a suposta neutralidade técnica seria também uma política – e da pior espécie: a da negação, a política de avestruz ou de Pôncio Pilatos. Abster-se de querer ver o aspecto político do homem, o da verdadeira problemática da articulação de cada um nos sistemas de trocas com os outros, conduz a catástrofes.

Para nós, em todo o caso, isso é absolutamente evidente e acreditamos que é precisamente por meio dos jogos articulatórios dessas trocas, tal como bem ou mal elas se revelam com o outro – criando instituições e por meio delas –, que o homem emerge dialeticamente do animal biológico em seu tornar-se humano. Acreditamos que as chamadas neuroses e psicoses são, antes de tudo, falhas e retificações mais ou menos heroicas ou mais ou menos imaginárias desse processo de humanização.

Não nos negamos a tirar todas as consequências de tal constatação. Tanto mais que o nosso trabalho de psiquiatra, enxertado, digamos assim, no de médico – mais ou menos biologizante, mais ou menos "veterinário" –, consiste precisamente em facilitar a retomada, a reformulação, os ajustes ou a revisão dos processos de institucionalização próprios de cada um: o paciente que nos chega com a sua sintomatologia, pela qual nos diz ou nos significa algo de suas falhas, de suas evasões ou dos obstáculos intransponíveis que surgiram em seu processo de humanização.

Para alguns dos nossos ouvintes, pode parecer apenas uma nova fórmula para dizer o que, desde sempre, a psiquiatria já sabia – na medida em que se libertou do fascínio biológico. Penso, por exemplo, nas teorias de Jung sobre a "personalização" ou "individualização". E isso é verdade até certo ponto. As nuances da nossa pressuposta metapsicologia devem ser compreendidas com precisão no que diz respeito a esse ponto muito importante. Para nós, não se trata de um misterioso processo interno espiritual ou biológico sobre o qual nem nós nem o paciente teríamos qualquer controle que não fosse pela magia ou pelo encantamento mais ou menos sugestivo, "modélico" ou armado. Ao enfatizar a institucionalização, estamos falando de acontecimentos concretos, trocas concretas, encontros e reconhecimentos na *pluralidade das relações triangulares imbricadas* e constitutivas da vida humana de cada pessoa. Constitutivas de quê? Certamente não das reações emocionais ou outras que ocorrem durante os encontros com o outro; reações viscerais que, na verdade, tendem a embaralhar os fatos estruturais. Na verdade, trata-se da constituição da estrutura simbólica,[4] que, por sua vez, será submetida, pelos desdobramentos da sua própria combinatória, ao sabor das miragens do desejo, o deslizamento de sentido e até mesmo o advento de todos os sentidos. É por meio de tal jogo original e sempre recomeçado que o homem entra – conjuntamente, ele mesmo e o grupo do qual é produto, parte e criador – no drama humano em que será sempre questão de sua posição problemática de sujeito diante do desejo.

Para além destas considerações metapsicológicas, que o professor Sarro solicitou explicitamente no último Congresso de Barcelona e que são indispensáveis para uma articulação coerente da psicoterapia institucional, não devemos nos esquecer de uma parte enorme de sua problemática concreta que pode facilmente adquirir a forma de maquinações que, mais uma vez, têm um certo caráter político. Não convém tapar com um véu esse assunto e permitir que surjam mal-entendidos sobre ele. Trata-se de um certo tipo de ação no estabelecimento engajado no processo de abertura para as dinâmicas da institucionalização e muitas vezes também na cidade. Não devemos nos esquecer, de fato, de que qualquer processo de revelação do inconsciente desperta resistências sob a forma de movimentos contratransferenciais.

Quando essas questões emergem no âmbito dos grupos, fora da relativa zona de segurança artificial criada pela abordagem analítica dual clássica, elas tendem a acentuar ainda mais seus aspectos coercivos, mobilizando afetos mortíferos de defesa passiva ou ativa das estruturas sociais tradicionais fixas dos estabelecimentos e das estruturas socioeconômicas e culturais a elas vinculadas. Nesse nível do comportamento do conjunto da equipe terapêutica do centro de psicoterapia institucional, o desconhecimento desses aspectos

---

4 A diferenciação conceitual do simbólico e do imaginário constitui uma das contribuições de maior importância para as ciências humanas devida a Lacan.

contratransferenciais inevitáveis só pode desarmar os atores envolvidos, cegando-os durante a elaboração da estratégia terapêutica indispensável. A criação e a utilização das instituições suscitarão inevitavelmente contra-ataques, tentativas de retomada do que chamamos com toda a razão de *estabelecimento*, em todas as acepções do termo. Não será suficiente interpretar verbalmente o conteúdo aqui; será necessário traduzir essa interpretação em atos e implementá-la de acordo com uma estratégia relevante, levando em consideração a dinâmica das forças sociais em jogo.

Não me escapa que, mesmo que as minhas elucubrações teóricas alcancem algum valor, tanto aqui quanto em outros lugares, ao mesmo tempo que informam a nossa prática, elas a pressupõem. No entanto, para nós, essa dependência da prática não implica nem um empirismo ocasional nem um relativismo adaptativo. Pelo contrário, a dependência da contingência e do acontecimento torna indispensável que a equipe terapêutica disponha de um conjunto conceitual mais preciso e coeso. Sem uma formação teórica adequada – *que também seja contextualizada no território* –, a atividade psicoterapêutica corre o risco de se afundar em uma passividade do tipo "aceito tudo", para não dizer "não diretiva", ou até mesmo se envolver em verdadeiras escaladas de passagem ao ato, por precipitações "acadêmicas" ou "divinatórias", ou mesmo por uma análise selvagem. Aliás, na maioria das vezes, esses dois perigos aparecem em conjunto. É provavelmente nesse nível que podemos afirmar, de antemão, que toda psicoterapia institucional só se torna possível sob a condição de que se criem, no estabelecimento, entrevistas com a equipe médica em que a análise da contratransferência dos diversos participantes no projeto terapêutico possa ser realizada com sucesso – com toda a lentidão e precauções técnicas que uma prática desse tipo exige. Contudo, não devemos nos esquecer de que tal atuação *in situ* com a equipe de saúde jamais poderá ser instaurada de maneira mágica e, sobretudo, isolada do movimento geral dos enfermeiros – como grupo profissional no país ou na região. Nesse sentido, é indispensável a participação em uma política externa relacionada com a chamada formação profissional dos enfermeiros. Não é por acaso que todos os médicos envolvidos, mesmo que minimamente, no movimento "institucionalista" na França tenham se mostrado muito ativos fora de seu serviço nas organizações dos enfermeiros, particularmente na longa história dos estágios formativos e das atividades do ceméa.[5]

Nesse sentido, é notável o avanço que ocorreu na França. Podemos identificar alguns indícios nas propostas que acabamos de recolher em diferentes lugares, durante o movimento político-social que sacudiu a última primavera [Maio de 68], em muitas regiões e sem nenhuma coordenação ou orientação, quando voltou a ser colocado sobre a mesa o grande problema da formação em psiquiatria. Muitas vezes isso não se limitou ao problema acadêmico. Na verdade, a proposta que surgiu com certa insistência foi a da criação de "faculdades regionais", ou mesmo de setores nos quais a formação de psiquiatras estaria articulada com a formação dos enfermeiros. Em quase todos os lugares se tem falado de um núcleo comum de *profissionais da saúde*, ou mesmo da possibilidade de certo exercício da profissão de enfermeiro para se tornar psiquiatra. Ainda recentemente, o doutor Daumézon lembrou que o conhecimento prático dos pacientes pelos psiquiatras nas "casas de saúde" poderia estar mais relacionado com o verdadeiro saber – muitas vezes não formulado – dos enfermeiros.

---

[5] A tese da senhora Sachot-Poncin dá uma visão geral dessas atividades. A *Revue de Psychothérapie Institutionnelle* a publicará em uma edição extraordinária, atualmente no prelo.

Não nos escapa que a versão freudiana que acabei de mencionar aqui, seguindo em grande parte a obra de Lacan, corresponde sobretudo, em diversos de seus aspectos de primeiro plano, a algo característico, que é tão tradicional quanto inovador, de modo que, em certa medida, podemos dizer que ele reflete a permanência da cultura e da história francesa. Entretanto, gostaríamos de acreditar na convergência da verdade dos vários caminhos pelos quais alcançamos a universalização específica do drama humano. De fato, não há dúvida de que nosso movimento, embora com particularidades práticas bem específicas, resulta diretamente de uma atividade que girou em torno da criação sistemática, em todos os departamentos franceses e segundo um modelo bem definido, do conjunto dos asilos psiquiátricos que nasceram após a lei de 1838.

Portanto, não podemos nos surpreender que, por trás da relativa convergência que se pode encontrar facilmente, e em certa medida, entre o nosso movimento e aquele que é chamado de "comunidades terapêuticas", ou mesmo as comunidades da antipsiquiatria de Cooper e Laing, entre outros, também se encontrem numerosas divergências resultantes, principalmente, desse verdadeiro condicionamento inicialmente pré-formado pela própria história clássica e – nem é preciso dizer – pelos aspectos culturais específicos da época e do lugar em que se desenvolveram.

Aliás, não pretendemos prestar testemunho de tudo o que, na França, reivindica para si as terapias institucionais, mas somente do fato de que muitos de nós, ao dar ênfase à palavra ou ao título de "psicoterapia institucional", gostariam de marcar uma clivagem e fornecer precisões que a separam das simples modificações humanitárias nos hospitais ou das melhorias no nível de vida nos hospitais, tais como parecem ser devidas aos pacientes de nosso tempo. Também queremos salientar que não podemos esperar efeitos psicoterapêuticos das instituições simplesmente pelo fato da formação em uma vida social considerada correta.

Da mesma forma, não devemos dissimular que, na medida em que a "moda psicanalítica" – com as condições de exercício que lhe são específicas e que conhecemos bem – modificou as orientações habituais de muitos jovens psiquiatras franceses, muitos deles – como aconteceu nos Estados Unidos – ou foram levados a reduzir o freudismo a um culturalismo adaptativo sentimentaloide ou então a constatar, por vezes de maneira aflitiva, a dispersão puramente negativa dos estabelecimentos de saúde e de todo o coletivo. Isso, é claro, quando não se tornaram vítimas satisfeitas de um simples reinvestimento narcisista e contrafóbico de sua técnica – oportunamente utilizada para bloquear qualquer ação sobre essa destruição puramente negativa em benefício de um individualismo utópico e, na verdade, delirante, porque está relacionado à imagem, ou melhor, ao imaginário e ao esplendor do eu ideal. Tais psicoterapeutas argumentam frequentemente que nenhuma psicoterapia institucional é possível, porque, dizem eles, toda ciência analítica se baseia em relações duais médico-paciente. Mesmo que, ocasionalmente, eles se sacrifiquem às infelizes exigências de nosso tempo, envolvendo-se muitas vezes em psicoterapias de grupo, psicodramas ou até mesmo em reuniões de formação de equipe, só podem fazê-lo com base no plano de uma psicoterapia dual em grupo, afastando, sem um verdadeiro exame crítico, as práticas das atividades centradas nos grupos, seja de inspiração kleiniana, seja com Bion e a escola de Pichon-Rivière, seja de inspiração moreniana e outras.

Talvez não seja por acaso que esta apresentação esteja sendo feita em Praga, na Checoslováquia, onde nasceu Freud, como Knobloch nos lembra em um de seus textos recentes,[6] e onde procuramos, provavelmente com uma certa angústia,

---

6 Ferdinand Knobloch, "The System of Group-Centered Psychotherapy for Neurotics in Czechoslovakia". *The American Journal of Psychiatry*, v. 124, n. 9, 1968.

os caminhos de uma nova civilização e, portanto, uma nova prática psiquiátrica. Em nossos grupos de trabalho, na França, a última apresentação de Knobloch correspondeu às nossas esperanças – se bem que a redescoberta essencial de Freud e até mesmo de elementos próximos de uma dialética materialista apontada por ele o tenha levado a procurar modelos precisamente onde, por boas razões, a precisão crítica (digo a precisão crítica dos conceitos postos em circulação por Freud e Marx) parece ser sacrificada em cada ocasião em prol dos interesses globais de um tipo específico de civilização, onde acima de tudo é importante se adaptar e facilitar a adaptação dos pacientes, mesmo que seja por meio do mecanismo da sugestão coletiva.

Não lamentamos, como Freud também não lamentava, a implementação de práticas sugestivas, mas esperamos – como ele esperava (e disse isso com todas as letras no Congresso de Budapeste) – que as instituições psiquiátricas sejam, em um futuro mais ou menos próximo, dirigidas (talvez seja mais apropriado dizer que elas tomarão a direção, em vez de dizer que serão comandadas) por psicanalistas e nelas – diga-se de passagem – os pacientes recebam atendimento gratuito. Poderíamos concluir, como Freud, que não há nenhum inconveniente em fazer, conforme o caso, psicanálise ou sugestão nessas instituições, desde que se saiba o que se está fazendo. Desde que se saiba que, nas chamadas *doenças mentais,* de qualquer origem, trata-se da posição do sujeito diante do desejo.

Não estamos longe de acreditar que a descoberta da regra fundamental por Freud seja oportuna porque faz aparecer, por assim dizer, "nus", ou melhor, em *status nascendi*, os cortes no clássico discurso do face a face. Não queremos dizer, como alguns entenderam, que, para nós, o campo institucional deve se tornar um imenso divã. Todavia, pensamos que o discurso é sempre um ato que ultrapassa o indivíduo, tanto no âmbito dos estabelecimentos de saúde quanto no da família do paciente, da clínica ou de qualquer outro lugar. O discurso, por mais individual que pareça ser, é sustentado pela linguagem, que é sempre um fato coletivo; e, em cada instituição, uma linguagem é elaborada conjuntamente em virtude dos intercâmbios e das atividades desse grupo.

A psicanálise, individual ou dual, só pode se estabelecer passando pela análise dessa linguagem particular criada pelo grupo. É somente pelos cortes, rasuras, atos falhos e repetições que essa análise do discurso tem acesso ao inconsciente. A escuta analítica de uma instituição ou do conjunto de uma instituição só pode ser praticada no mesmo estilo. Tal escuta, por sua vez, só pode ser coletiva, ou seja, o trabalho que o doutor Torrubia chamou, em um de nossos congressos, talvez de uma forma aproximada, de "analisadores da instituição", o que nunca quis dizer – ou nunca deveria ser interpretado – como o trabalho de um analista-chefe, possuidor de um suposto saber.

É nessa direção que certa psicoterapia institucional parece estar caminhando, mesmo que de forma cambaleante, sujeitando-se, ao longo de seu percurso, a todo o condicionamento e contingências da história. No entanto, já é um passo considerável o fato de que essas contingências possam ser analisadas e reconhecidas pela análise no mesmo nível em que elas se produzem.

XENOFOBIA E PSIQUIATRIA[1]

Conforme combinado, vou falar sobre xenofobia. Para isso, tentarei articular reflexões provenientes de minha própria experiência de vida com a experiência adquirida no exercício da minha profissão como psiquiatra.

Como qualquer pessoa, construí minha própria pessoa ao longo dos percalços históricos e das situações em que me vi envolvido com outras pessoas, algumas semelhantes a mim, mas felizmente também outras que evoluíam fora de mim mesmo e representavam aspectos estrangeiros ou desconhecidos em minha vida. Sem dúvida deve ter me acontecido de desenvolver mecanismos fóbicos, mas não percebi nem sofri em demasia com eles. Naturalmente foi mais tarde, no exercício da minha profissão, que me dei conta deles, ao lidar com as fobias dos meus pacientes.

Acho que vocês se surpreenderão pouco com o meu espanto quando percebi que eu mesmo era objeto de uma dupla xenofobia: para muitos pacientes e outros, eu era um inquietante estranho na França; para todos, a psiquiatria e os psiquiatras são percebidos como o *nec plus ultra* de todas as xenofobias. E, para o processo de tratamento, é bom que sejam assim. De fato, na maioria das vezes, os pacientes já haviam se esquecido do mau uso do seu próprio mecanismo fóbico. Naturalmente eles se queixavam de diversos desconfortos, mas era raro que se queixassem das fobias que já haviam sentido. Quando se queixavam, era porque já haviam se tornado obcecados, e as obsessões haviam ocupado todo o espaço da vida deles.

Na maioria das vezes, somente após um longo percurso no processo terapêutico é que os pacientes conseguiam

---

[1] N. E.: Conferência realizada em maio de 1992, publicada na revista *Institutions: Dossier Histoire et Transmission*, n. 31, 2002.

reconhecer algumas fobias infantis. Nesse caso, ao associá-las a experiências de infância, eles já haviam minimizado sua importância. Não duvido de que o fato de experimentar a "fobia do psiquiatra", sempre mais ou menos estrangeiro, surgia como todo ato de transferência: permitia reativar antigas lembranças fóbicas infantis.

É somente graças ao movimento de transferência – como, aliás, graças aos sonhos, que podem ser verbalmente reformulados durante o encontro terapêutico – que facilitamos esse reconhecimento do passado, que continua a agir em nós.

Por isso, sinto-me autorizado a afirmar que, em algum momento da evolução humana, os mecanismos fóbicos desempenham um papel importante, pelo qual o medo, ou mesmo a angústia, podem ser canalizados de forma positiva. Quero dizer que, com a fobia, nós nos livramos de alguma coisa que jogamos por cima da borda do nosso "barco corporal", com o qual realizamos a nossa própria navegação num oceano móvel de incertezas.

A xenofobia é apenas uma amostra da ampla variedade das fobias. Na verdade, os objetos fóbicos estão em ação mesmo antes de nós pronunciarmos qualquer palavra e, obviamente, sem termos qualquer conceito explícito sobre o assunto. Mais do que experimentar sentimentos sutis e contraditórios, trata-se de pressentimentos que dizem respeito ao nosso ser corporal e suas relações com o ambiente onde o outro aparece. Frequentemente, o outro compartilha, por assim dizer, nossa inquietação e nos tranquiliza, mas também a multiplica, especialmente quando desaparece da nossa vista e do nosso contato.

Se o medo fóbico imobiliza o nosso ser, também é verdade que ele pode se transformar em um sinal útil: no mínimo, sugere e nos impulsiona a fugir do perigo... De forma mais operacional e socialmente eficaz, observamos uma ativação de verdadeiros mecanismos de defesa contrafóbicos. Explicarei isso mais adiante. Por enquanto, destaco a extraordinária frequência de verdadeiros mecanismos de fuga no *lugar* que fazem do próprio medo fóbico a fonte de muitas produções imaginárias. Afinal, é insustentável para uma pessoa sentir pânico a propósito de algo relacionado aos seus próprios pais – seja a mãe, seja o pai. A criação de um verdadeiro romance familiar nos permite fugir no lugar, e a criação artística pode ser um campo de aventuras para os leitores ou espectadores – mas também, e em primeiro lugar, para si mesmo.

Nesse nível, poderíamos falar já de mecanismos contrafóbicos, mas a grande oportunidade dos mecanismos contrafóbicos surge no nível das nossas práticas sociais concretas. Por exemplo, nunca vi, ao longo de um percurso psicanalítico, um médico – após alguns anos de análise "didática" – deixar de evocar suas fobias infantis, como a fobia da morte ou da castração, que podem levá-lo a realizações sociais muito significativas, enquanto clínico geral ou mesmo como cirurgião. Conheci muitos psiquiatras que foram e talvez ainda sejam marcados pela fobia da loucura.

Podemos compreender que, como um movimento contrafóbico eficaz, o medo de perder algo ou o desejo de roubar podem se tornar a profissão do perfeito policial. E será que nos surpreende que o sofrimento de ter sofrido injustiças irreparáveis esteja na origem da profissão de juiz? E assim por diante...

Nossas vidas são complexas e passam por complexificações progressivas. A uniformidade da monorrepresentação de si mesmo e do mundo é um engodo pelo qual o percebido e o representado se afastam da complexidade tensa, em virtude da coexistência de várias fontes e inclinações diferentes que se opõem entre si. Isso se manifesta sob um aspecto caótico e confuso, tornado opaco simultaneamente o passado e o futuro.

O terceiro excluído da lógica aristotélica é, evidentemente, operatório no nível do noético ou até mesmo do noemático. No entanto, ele não consegue apagar a esfera de influência hilética revelada por Heráclito. As aventuras da dialética não são reconfortantes para ninguém. Conhecemos o mau uso que frequentemente é feito dela. O próprio Heráclito já havia concluído seu percurso.[2]

Frequentemente é o fantasma catastrófico do fim do mundo agindo em cada um de nós. No mínimo, temos a impressão de que o jogo já está decidido antes mesmo de começarmos a jogar e arriscar nossa própria vida.

Os mecanismos fóbicos simplificam a problemática aberta a partir da dialética vivida do mundo. Retemos apenas um aspecto e negamos todo o resto, muitas vezes com uma carga passional? Não reconhecemos esses restos. A higiene é a fobia da sujeira da vida. A exclusão dos dejetos, o medo dos contatos impuros e a possibilidade de contágio coexistem, em cada um de nós, com a atração indutora do mistério do ser humano.

Aqui e agora, vamos tentar construir e, sobretudo, desconstruir juntos a experiência da xenofobia, ou mesmo de seu conceito.

Entre nós, não é mais um mistério inabordável identificar que, em certos momentos da história coletiva, as xenofobias se manifestam de forma mais ou menos invasiva e mais ou menos obsessiva. Sem dúvida, há sempre uma ambiguidade na natureza, nos desenvolvimentos e percursos da xenofobia em âmbito individual, bem como nos episódios de xenofobia coletiva. No entanto, convém a cada um de nós adotar uma atitude lúcida diante da atual invasão de xenofobias nas atividades coletivas dos seres humanos. Todavia, não é gritando "lobo" que se faz o medo do lobo desaparecer. E não acredito que possamos tratar a xenofobia coletiva da mesma maneira que todas as fobias individualmente experimentadas. Portanto, considero útil lembrar aqui como os mecanismos fóbicos operam em cada um de nós.

---

[2] Noema: designa em filosofia o "conceito" em relação à "sensação". Noemático: adjetivo relativo ao ato de pensar, por exemplo, "filosofar", como resultado. Hilético: de hilé, a matéria enquanto suporte.

Não é a primeira vez que a xenofobia se manifesta em nossa vida singular, embora o esquecimento – ou a negação, ou pelo menos a dúvida – geralmente encubra tudo isso. Todos nós já chafurdamos, e muitas vezes continuamos a chafurdar, em movimentos fóbicos e contrafóbicos mais ou menos disfarçados. Trata-se do *pathos*, da manifestação de um certo sofrimento, que desperta, que ressurge, em cada um de nós diante da problemática do encontro com o outro ser humano – *se* arriscamos a encontrá-lo.

Não gostaria de fazer um jogo de palavras ao constatar que é aqui e agora, em Nice, que estamos reformulando a problemática da xenofobia. Quando nos perguntamos o que desperta em nós um medo fóbico, de maneira concreta, muitas vezes pensamos: "Não se trata disso nem daquilo". Na verdade, é sempre outra coisa que nos agita e nos dá medo: é precisamente, sem pôr nem tirar, o Outro em nós mesmos. O Outro surpreendente que ressurge a cada encontro, a cada separação com outros seres humanos.

A presença do senhor Semprun aqui me leva a evocar García Lorca, que, após um de seus poemas, abandonado à paz da paisagem que o envolve, diz de repente: "É estranho que eu me chame Federico. É surpreendente que eu seja eu, ou melhor, que exista o outro em mim" – como um duplo de mim mesmo, do qual não é fácil nem operatório se livrar. Ao contrário do que se costuma pensar, não é do outro especular que se trata – aquele que vemos no espelho, ou aquele que sentimos nos observando.

O temor pânico, irredutível de cada um de nós, desse outro estrangeiro que carregamos em nós mesmos, é o temor pânico do nosso Eu [*moi*] interior que, infelizmente, sofre muitos arranhões nos inúmeros contatos sociais com as pessoas mais benevolentes em relação a nós.

O fato de projetarmos no outro nosso próprio perseguidor interior, nossa própria insegurança, nossas próprias ambivalências, constitui nosso pão de cada dia. É verdade que encontramos facilmente em todos os lugares seres autoritários e injustos que se deleitam em desempenhar o papel de perseguidor externo. Isso é comum quando, na dialética paranoica da pessoa, todas as relações humanas se tornam uma oportunidade para provocar agrupamentos coletivos de perseguição mais ou menos integristas, mais ou menos maciços, ou quando um grande número de vítimas anuentes encontra um alívio temporário.

Nice, 7 e 8 de maio de 1992.

A EFERVESCÊNCIA SAINT-ALBANESA[1]

Como convém, começarei agradecendo aos organizadores destes primeiros "Encontros de Saint-Alban", 46 anos após o meu primeiro encontro com Saint-Alban, com seus pacientes, com seus médicos e enfermeiros, neste bonito e surpreendente país.

Saint-Alban é um "*lieu-dit*",[2] de certo modo, que denota mais o "despertar" do que o "sonho". Concretamente, esse nome indica o alvorecer (Saint-Albe ou Saint-Albô). Ou seja, para mim e para muitos, foi um lugar significativo do despertar cotidiano das possibilidades de esclarecer e cuidar – "o mais ativamente possível" – da psicose: um trabalho a ser feito com os outros, na perspectiva que enraíza esse fenômeno obscuro – ou então as dores de um certo destino perturbado e perturbador – no fundo comum de toda experiência humana.

Assim, com a própria psicose, isso emerge incessantemente, em "localidades", por intermédio de pessoas convocadas para as assembleias, para as partilhas e partidas apressadas. São espaços limitados e articulados onde acontecem encontros – capturas e perdas – que, ao longo dos percursos, fazem e desfazem nos grupos o tecido das singularidades de cada um: lugares de emergência da "luz do mundo" e o "sal da terra" que são sempre essas pessoas chamadas – como todas as outras – à felicidade.[3]

---

[1] Publicado em: *L'Information Psychiatrique*, v. 63, n. 8, 1987, pp. 959-63.
[2] N. T.: Localidade rural cujo nome lembra uma particularidade topográfica ou histórica.
[3] Evangelho de Mateus, "As bem-aventuranças" (5,3) e "O sal e a luz" (5,13-14).

Isso é para ser lembrado e celebrado aqui – fora de qualquer ritual magnificado. Cá entre nós, sempre... "Após a noite, vem a alvorada..."?

A questão dos percursos humanos esconde e revela a questão das origens. É sempre assim. Aqui e agora, a problemática das "origens" é colocada abertamente como um tema fundamental do encontro promovido pela Associação Cultural do Profissional da Saúde e pelo atual Colégio dos Médicos do CHS [Centre Hospitalier Spécialisé – centro hospitalar de especialidades], que nos convidaram.

Estou pronto para dar meu testemunho sobre as origens e os objetivos que surgiram das tarefas realizadas em Saint-Alban, não apenas a partir de janeiro de 1940, quando cheguei aqui. Há uma história anterior. Todo novo começo tem origem em partidas muitas vezes distantes. Há sempre um espaço que nos acolhe – que já está lá, impregnado da sua própria história. Não nos livramos dela por milagre, e isso é bom. Qualquer violência proposta como operativa em relação a esse assunto é, na verdade, inoperante, ou pelo menos destinada ao fracasso.

Minha lembrança, aqui, da atividade fundadora de H. Tissot – o irmão Hilarion – será breve. Ela já virou lenda e, infelizmente, afundou no esquecimento, do qual a tirei em 1940, e não por preocupação com a erudição. Falarei disso em breve, assim como de outras mortes que, cada uma à sua maneira e em sua época, deixaram sua marca. Acreditem em mim, não será por um prazer necrófilo que destacarei seu significado esclarecedor.

É claro que estou feliz por encontrar aqui pessoas vivas, entre as quais aquelas que podemos considerar antigos combatentes de Saint-Alban dos anos 1940 e 1950. Claro, em primeiro lugar, Paul Balvet, que me acolheu e que por modéstia – que não tem nada de pré-senil – prefere ficar longe do púlpito. Claro, Bonnafé também, aquele que foi o inventor da Sociedade do Gévaudan, onde juntos reelaboramos um certo número de textos críticos – que acabam de ser publicados com a minha tese pela Fundação de Nantes. Bonnafé, como sabemos, foi o artífice de muitas projeções nacionais, sindicais e políticas que ele acreditava, com razão, que poderiam trazer o que ele chamava de psiquiatria pós-esquiroltiana.

E ainda Oury e Gentis, que ouviremos com os outros. Novamente saúdo aqui, de passagem, amigos que trabalharam em Saint-Alban, talvez com certa modéstia, mas de maneira muito eficaz e enriquecedora. Por exemplo, os doutores Barthes, Camplo, Poncin, Viader. Frequentemente, e com regularidade, "nosso anfitrião" H. Torrubia, e de certo modo até Ayme... Outros, talvez.

A Sociedade do Gévaudan e a Sociedade de Higiene Mental da Lozère, criadas por Bonnafé em 1943, desapareceram e deram lugar a novas articulações que, fora da Lozère, continuaram a reformulação crítica de conceitos que empregamos em maior ou menor grau. Devemos considerar, a esse respeito, os textos que nasceram dos diálogos regulares que foram mantidos ao longo dos anos pelos Grupos de Trabalho da Psicoterapia Institucional (o GTPSI) – ou até mesmo pela irônica criação do grupo Reunião Psiquiátrica Francesa (o "verdadeiro RPF", como era chamado de brincadeira em oposição ao RPF [Rassemblement du Peuple Français – reunião do povo francês] gaullista). Bem mais sério e com um alcance muito maior, devemos reconhecer que a antiga Sociedade de Higiene Mental da Lozère, ao se afundar, veio a constituir, talvez, o braço mais produtivo da Federação das Sociedades da Cruz Marinha. Sabemos que foi a Federação que levou a verdadeiras transformações "legais" nos procedimentos psiquiátricos, muitas vezes bem mais eficazes do que as próprias "pressões" sindicais, ou mais eficazes do que as supostas sociedades científicas, que na maioria das vezes permanecem em silêncio diante dos movimentos práticos das formas sociais de exercício da nossa profissão.

Mas os mortos também deixaram a sua marca aqui. Tissot, o fundador, não estava sozinho. Desde os seus primeiros dias na região, em 1821, ele instigou a uma formação profissional esclarecida – levando em conta as mais modernas conquistas da medicina – os dois primeiros enfermeiros da França, que assim se encarregaram da história de Saint-Alban. Antes mesmo de vender o "castelo" ao departamento [da Lozère], Tissot – que obtivera a colaboração de muitos camponeses, interessados por ele na criação de um serviço humanitário para o tratamento dos loucos – conseguiu que o departamento custeasse o envio a Paris – para trabalhar com o doutor Dupuytren – de dois jovens da Lozère, Rousset e Gauzi. Quando cheguei aqui, em 1940, ainda encontrei dois descendentes diretos dessa primeira linhagem: a madre superiora – irmã Théophile, que, como sabemos, se envolveu na resistência ativa contra os ocupantes e seus cúmplices fascistas e, assim, na transformação ativa do hospital – era de fato uma Rousset. Conhecemos o papel muito ativo de um Gauzi, frequentemente no clube de Paul Balvet e na Associação Cultural. Ambos faleceram. Mesmo quando são esquecidos, seu rastro persiste e renasce de uma forma ou de outra. É na trilha que eles abriram que a psicoterapia institucional pode circular.

Não podemos traçar a lista de todos os mortos que deveríamos evocar. Penso em Jankélévich, que foi aqui mesmo o primeiro tradutor de Freud na França. E também no avô de Bonnafé – e Bonnafé está aqui precisamente – que, muito antes dele, foi diretor do hospital de Saint-Alban. Se não fosse esse fato, Bonnafé provavelmente nunca teria vindo para cá. Após a guerra, a lista dos mortos que presidiram o destino de Saint-Alban infelizmente só aumentou. O doutor Chaurand, de quem voltaremos a falar, e também o doutor Racine.

No entanto, não poderíamos recordar as aventuras em psiquiatria dessas figuras de primeiro plano sem mencionar aqueles que, habitualmente fora, se inscreveram aqui de uma maneira, de certo modo, mais marcante. Penso, em primeiro lugar, nas longas temporadas de Daumézon conosco, desde

1942, e em nossos encontros em Fleury-les-Aubrais, em Paris, em Maison Blanche e Sainte-Anne...

Devo parar neste ponto para assinalar que, com a chamada pesquisa das "terapêuticas institucionais", corremos o risco de confundir aquilo que Daumézon, em suas palavras – em seus escritos – sempre apontou como sendo o produto originário e fundamental da experiência de Saint-Alban.

Nem ele nem eu jamais falamos de "psiquiatria institucional", como está escrito no programa desses encontros. Ele foi o primeiro a falar, em 1952, da "psicoterapia institucional" francesa contemporânea. Isso é outra coisa, de qualquer forma muito diferente das práticas e formulações teóricas da psiquiatria da época. Tratava-se obviamente da implantação das "instituições" numa pré-visão "psicoterapêutica", ou seja, nas perspectivas abertas pelas "experiências" da psicanálise. Deixamos de lado, aqui, algumas diferenças ou nuances que podem ser percebidas na avaliação do alcance de certos conceitos que ele utilizou a esse respeito.

Da minha parte, até a sua obra de 1952, publicada em Portugal, aliás, eu nunca havia pensado em qualificar nossas "atividades" terapêuticas de institucionais. Remeto vocês aos textos da época incluídos em *Le vécu de la fin du monde dans la folie*.[4] Recentemente republicado pela Fundação Nantense, juntamente com outros "resumos" do apuramento teórico empreendido pela Sociedade do Gévaudan. Jamais, naquela época, falamos de instituição.

Senão vejamos: havíamos analisado, de cima a baixo, tudo o que os termos *conjunto* – da Gestalt – e *estruturas* deveriam incluir nas nossas análises clínicas, antropológicas e sociais concretas, que estão em jogo em todos os impasses da loucura, e também em todos os *projetos pragmáticos de atendimento psiquiátrico*.

---

4 N. E.: François Tosquelles, *Le Vécu de la fin du monde dans la folie*. Grenoble: J. Millon, 2012.

Obviamente, os seres humanos estão sempre "colocados" em uma pluralidade de lugares concretos de possibilidades de "encontros repetidos", nos quais a atividade e a fala podem eclodir conjuntamente, e muitas vezes em conflito, mas sempre de forma a reelaborar as experiências da identidade própria, assim vividas dramática ou passivamente, prontas para desaparecer e reaparecer, às vezes fazendo caretas nas tribulações sem controle de ninguém.

Lembramos que, se é verdade que o local onde conduzimos e coletamos o material clínico das nossas pesquisas era o hospital psiquiátrico, desde o meu primeiro dia em Saint-Alban, nunca considerei que a existência concreta da questão dos "conjuntos" fosse um fato unívoco, exclusivamente observável nos hospitais. *As considerações exclusivas sobre o dentro e o fora devem ser, a nosso ver, desmistificadas em todos os lugares e superadas, em cada eventualidade da prática do cuidado.* A socioterapia, à qual alguns acreditavam que estávamos reduzidos, era de fato um engodo que vinha apenas esconder o "movimento" do que poderíamos chamar de "conjunto dos conjuntos" do aparelho psíquico, irredutível em todas as eventualidades, normais ou patológicas, somente aos aspectos e às formulações cognitivas.

Aquilo que se tornou objeto das nossas preocupações estratégicas no processo de cura consistia em comprometer no processo terapêutico "coletivos de incidência variada" – e isso dentro e fora dos hospitais, dentro e fora da família de origem, dentro e fora dos locais habituais de trabalho ou lazer frequentados pelos pacientes. É nesses coletivos que surge, com as trocas sociais concretas, uma dinâmica completamente diferente dos "elementos psíquicos" em jogo a ser apreendida. Trata-se dos coletivos dos "conjuntos" que *funcionam sempre em sistemas abertos e incidentes no tempo e no espaço.* É o caso do papel da fala, ou melhor, do "verbo" no jogo concreto ou explícito que, em sua combinatória, parece dever ocupar o primeiro plano dos nossos objetivos comuns. Porém, não fazemos com isso um lugar único e irredutível à combinatória do significante. Seguindo o trabalho dos fenomenólogos, consideramos o que foi concebido, na psiquiatria alemã, como *"erlebnis"* [experiência]. Segundo esses autores, os *"erlebnis"* constituem elementos primários singulares e simples das "experiências" de cada um; é assim que essas construções "vividas" vão se aprofundando em cada um de nós por revisitações do passado e projetações no futuro. Isso é explicado mais detalhadamente em nossa tese. E não podemos negar essas visões que parecem corresponder às observações clínicas.

Naturalmente, admiti em 1953 e continuo a admitir a pertinência das "instituições" na nossa vida. Desde que não as concebamos como um "fato sociológico exclusivo de certos hospitais psiquiátricos ou locais de acolhimento de crianças com dificuldades" que conhecemos. O termo *estabelecimento* me pareceu, infelizmente, correto para explicar essas "empreitadas" que, em princípio – eu dizia – tinham como objetivo tornar impossível, desde o seu interior, a coexistência com o trabalho vivo e articulado de um certo número de instituições onde os pacientes poderiam reinscrever o processo de sua vida, num amplo movimento transferencial a ser detectado em cada caso. Essa perspectiva torna indispensável, antes e ao longo de qualquer empreendimento de psicoterapia institucional, que se proceda ao que chamei de "uma análise concreta das instituições em interação em cada caso". Trata-se, na verdade, de uma análise sociológica que deve detectar as forças e pressões sociais presentes, aquelas dos grupos que passam a influenciar as práticas das trocas em cada espaço concreto onde vive o paciente, o que diz respeito aos hospitais psiquiátricos.

Daumézon empreendeu essa análise com o conceito sociológico de "clãs" e "classes" presentes ou atuando a distância nesses hospitais psiquiátricos clássicos. Não nego sua pertinência. É, a meu ver, o próprio tipo de pesquisa inaugurada por Marx na sociologia, e isso bem abaixo ou além das formulações ideológicas do projeto de libertação da classe trabalhadora. O que então era problemático nessa *perspectiva de análise institucional a ser diferenciada da psicoterapia institucional* era a própria definição do que se chamavam na época "analisadores institucionais" de tal e tal instituição, visando também a avaliar o alcance e os efeitos de suas relações com outras instituições. Era uma tarefa reservada a uma elite? Ou era uma função generalizada entre os membros de cada instituição? As respostas a esses "projetos" práticos de análise institucional são variadas entre nós.

Em todo caso, o que não se pode fazer é abordar uma psicoterapia institucional sem fazer uma "análise institucional *a priori*" – e mantida ao longo de todo o processo de cura. É também por isso que acreditamos que a noção de "*extra-analítico*" muitas vezes tornou certos dispositivos psicanalíticos bastante estéreis. Seja como for, arrisco-me a relatar o que tem sido feito, na nossa prática, dos passos concretos que levei a cabo com colaboradores de várias "categorias" profissionais – ou mesmo com familiares ou amigos do círculo dos pacientes, por nós solicitados, precisamente para nos ancorarmos numa *solidariedade crítica* e lúcida com o suposto doente: tratava-se de um pedido não muito veemente, flexível, discreto e, na maioria das vezes, indireto que dirigimos a todos aqueles que, como testemunhas, tenham participado de alguma manifestação ou tentativa de ajuda mútua, ou mesmo de práticas de rejeição ativa de pacientes ou de um grupo de pacientes. Porém, se todas essas pessoas foram consideradas por mim verdadeiros *analisadores institucionais* – já que cada um, *sabendo ou não*, traz para um *grupo muito pequeno os materiais em questão* –, *apenas um grupo muito reduzido pode proceder, mais ou menos, a uma verdadeira análise sociológica*, ou mesmo à avaliação dos poderes mais ou menos políticos ou econômicos em jogo... Sem essa análise flutuante, os eventos ditos psicopatológicos – o sofrimento e a manifestação singular dos "sistemas de defesa" em funcionamento em cada pessoa – permanecem fora de alcance em todas as empreitadas de psicoterapia. O conhecimento desses fatos é modelado no próprio curso dos encontros psicoterapêuticos. E... não parece operativo levar previamente em consideração o próprio paciente. Pelo menos não sempre. Não devemos esquecer que, para nós, o processo de cura visa tornar fluidas e livres as "representações" de objetos e palavras, ou até mesmo de afetos no *trabalho* – nem sempre felizmente consciente – do aparelho psíquico de cada "doente".

O encontro aqui e agora em Saint-Alban poderia ser considerado um exercício prático disso tudo. De fato, uma instituição é um lugar de encontros repetitivos com diversos sujeitos em interação e, sem dúvida, não necessariamente reunidos por uma única unidade ou vontade intencional. Portanto, é preciso considerar o jogo dos presentes, mas também o dos ausentes. Não devemos esquecer, a esse respeito, o que o esquecimento ou o afastamento dos mortos nem sempre consegue silenciar. A história visa ao futuro, mas a tradição e o passado, especialmente o não dito e o oculto, muitas vezes desempenham um papel primordial na psicopatologia. Mais do que fazer um balanço da história de Saint-Alban, nossas evocações tentam ilustrar o que está em jogo, de forma analógica, na psicoterapia institucional.

Em sua tese sobre a agitação, Paumelle dedica uma parte significativa à história da evolução de um grupo de agitados daqui: o do pavilhão Morel, onde, já em 1945, não se encontrava mais nenhum paciente agitado, antes mesmo da descoberta dos neurolépticos inibitórios, dos quais não tínhamos nenhuma necessidade. Ele relatou em sua tese três detalhes do meu primeiro encontro com Balvet que são significativos e *que contêm a prioris das estratégias* que constituem o aparato social do cuidado.

De fato, Balvet me perguntou o que, na minha opinião, poderia ser feito para dar um outro ritmo ao progresso das terapêuticas já realizadas por ele e pela senhora Balvet, em particular com a insulina. Também expressou a angústia e a vergonha que sentia diante da situação lamentável do serviço infantil. Em vez de responder imediatamente, dediquei nossa entrevista a explorar os *muitos pontos de convergência que podíamos detectar em nossa preocupação comum*: sua própria tese sobre o delírio de Cotard entrou na conversa e conduziu as minhas observações para a minha atuação sobre o mesmo tema durante o congresso de médicos alienistas de língua francesa que aconteceu precisamente em Reus, durante a Exposição Universal de Barcelona, em 1929.

A posição do doutor Vilaseca na época – e, por extensão, a minha – fazia referência à mitologia – explorada por Jung – e correspondia, nesse contexto específico, a uma das *principais lendas da cultura catalã:*[5] da clínica para a psicanálise e para uma literatura mais ou menos poética, era apenas um passo que podíamos dar juntos – um primeiro para introduzir perspectivas psicanalíticas no trabalho terapêutico.

Houve ainda o *espantoso* fato de que, a seu pedido, a propósito dos vagos conhecimentos que ele tinha do trabalho de Hermann Simon sobre a organização do hospital de Gütersloh, desde 1905, eu pude tirar da minha pastinha o texto que esse autor publicou em 1917. O mesmo aconteceu com seu interesse pela fenomenologia aplicada à esquizofrenia, por Berze e Grulhe.

Após essa *convergência de interesses*, pude propor a ele dois tipos de expectativas um tanto inusitadas. Primeiro, me propus a agir como um antropólogo ou sociólogo nas feiras locais. Essa é uma das primeiras ações de qualquer análise institucional – indispensável, como já dissemos. As feiras são verdadeiras instituições, sem sombra de dúvida; é fácil analisá-las e perceber suas estruturas. Em seguida, pedi permissão para

---

[5] "O conde Arnau ou a história de um homem que não pode morrer." [Nota de Jacques Tosquellas, doravante J. T.]

visitar alguns professores, tanto laicos quanto religiosos. Apenas munido de referências inteiramente hipotéticas do que observei – *fora do hospital* –, pude formular esboços precisos das linhas de mudança a serem consideradas. Isso incluía o esforço inicial de transformar o serviço infantil. "Lá, com as crianças, haverá menos resistência ativa à mudança." Além disso, essa *tarefa a priori* no serviço infantil revelou a todos a importância da infância de cada um na loucura. Eu costumava repetir isso em todos os lugares e, a Balvet, eu dizia que, ainda por cima, são as crianças que reeducam os pais. Era só esperar um pouco pela reação dos serviços adultos, dos demais serviços. Demorou quase um ano. É o mínimo para que os efeitos da evolução dos filhos influenciem na dos pais.

Chaurand veio logo em seguida e, paralelamente a ele, o impacto local de Lagache e esposa: a senhora Haussenlopp[6] – não apenas mandando alunos se esconderem ou atuarem no *maquis* do Mont Mouchet, mas também acolhendo colaboradoras mais diretas em Saint-Alban: a senhorita De la Grange, que foi professora na Fundação de Salvaguarda da Infância; Denise Glaser, que mais tarde ficou conhecida na televisão pela qualidade de suas "entrevistas" e desempenhou um papel fundamental na escola do Villaret, onde precisamente ela aprendeu a se comunicar com os outros, especialmente ao lado da senhorita Mireille Monod, do Instituto Jean-Jacques Rousseau de Genebra, que, por sua vez, foi a primeira protagonista no cenário universitário parisiense do psicodrama moreniano e, paradoxalmente, da prática do mal denominado teste projetivo de Rorschach – cuja tradução completa foi realizada por mim e Chaurand.[7] As "estruturas da percepção" e suas

---

[6] Haussenlopp: estudo das "gangues" de jovens, em particular onde Lagache descreve a estrutura imaginária de seu comportamento, apesar do peso de realidade de suas passagens ao ato, às vezes muito violentas. A ausência de fantasmas foi substituída por essas passagens ao ato, muitas vezes premeditadas.

[7] Que Picard transformou em objeto de sua tese em 1943.

interpretações formais verbalizadas eram, para nós, o objetivo de uma avaliação clínica que deveríamos abordar: experimentamos e objetivamos como, a partir de elementos sensoriais diversos, chegamos a construções de conjuntos significativos em jogo, com o acesso à linguagem vindo moldar e, às vezes, deformar a experiência de certas percepções apreendidas em seu "puro *nonsense*" original. A linguagem, como instituição já presente para cada um de nós, de alguma forma viria institucionalizar, como disse Freud, certas "instâncias" do que ele chamou de aparelho psíquico. Sabemos, ou deveríamos saber, que Rorschach – este lembrando o que dissemos sobre os "*erlebnis*" – pôde considerar a relação matemática entre as respostas de "cor" e de "movimento-experimentado-no-corpo--daquele-que-se-presta-a-essa-tarefa" como indício de uma "máquina de fazer *erlebnis*".

A tradução do conceito de "*erlebnistypus*", ao qual Rorschach se refere como "tipos de ressonância", suprime completamente a concepção de "*erlebnis*" que achei que deveria detalhar no segundo capítulo da minha tese. Como é possível descartar ou ignorar, na prática psiquiátrica e terapêutica, um desses "conjuntos" do aparelho psíquico ou neuropsíquico, que constituem a percepção e o sentido das percepções?

O trabalho de pesquisa de Chaurand em Saint-Alban foi dos mais frutíferos e mais incompreendidos, exceto por um número significativo de educadores especializados que se formaram em Toulouse. Foi com ele que traduzimos e colocamos à disposição dos nossos amigos o texto de Hermann Simon sobre a "terapêutica mais ativa" nos centros de atendimento psiquiátrico. A ergoterapia era apenas um aspecto do tema em questão.

Falei pouco de tudo que deveria ser lembrado desse longo período que, em todo caso, podemos chamar de a efervescência saint-albanesa.

Não se esqueçam de que, no fim de 1940, eu já era responsável por um primeiro dispensário em Mende, depois em

Marvejols, e a aventura do serviço de atendimento do Clos du Nid se inscrevia na continuidade do serviço infantil de Saint-Alban. Nosso trabalho com os professores, ou mesmo com os gendarmes e os médicos reunidos em verdadeiros grupos Balint, marcou a minha presença na Lozère até 1962, data da minha partida para a região parisiense e para o setor infantojuvenil da região de Compiègne.[8]

A psiquiatria de setor estava se tornando possível em estruturas rurais em crise evolutiva. Lá, era possível tratar, muitas vezes, *três gerações comprometidas* de alguma forma na formulação de um *único processo psicótico*. O conceito de "degenerescência" ou transtornos hereditários não era capaz de fornecer nenhuma chave praticável. O que existia era convergência ou divergência dos processos de institucionalização das instâncias psíquicas dominadas ou ressurgentes na chamada sintomatologia que Oury e Kronfeld chamarão de patoplastia.

Para nós, falar de "psiquiatria institucional" é um *nonsense*, ou então se presta a muitos mal-entendidos. E a psicoterapia institucional é feita em todos os lugares e, na maioria das vezes, de maneira muito inadequada, porque ninguém sabe avaliar o que está em jogo nessas eventualidades.

---

[8] Na verdade, Tosquelles se mudou em 1962 de Saint-Alban para Marselha, retornando ao Clos du Nid por três anos. Só depois foi para a região parisiense, primeiro Melun e em seguida Compiègne. [J. T.]

FRANTZ FANON EM SAINT-ALBAN[1]

Para todos que conheceram Frantz Fanon, nada mais fácil do que se lembrar dele; sem dúvida seria mais difícil esquecê-lo. Sua presença ocupa para sempre os palcos da memória, assim como ocupava o espaço. Sua solidez e consistência, sua matéria corporal nunca eram inúteis, como uma cama ou uma mesa colocada ali, no meio do cenário. Ele falava e o tema ganhava vida. Da opacidade à transparência, sua dança com ou sem véus tecia arabescos por onde seus parceiros eram interpelados quanto ao fundo e aos fundamentos de si mesmo. Uma mola com espirais infinitas. Polemizar, poderíamos dizer, era o seu forte. Alguns falariam, a esse respeito, de suas atitudes perversas – para atrair, com a ajuda da sugestão, vítimas anuentes. Fanon encarnava antes o respeito e a liberdade do outro. Sua fraternidade ativa trazia desde o início a apreensão lúcida da diferença. Sua presença exigia o nosso envolvimento, suscitava nosso compromisso crítico. Ponto final!

Fazer-se amar? Fazer-se notar? E por que não? Agora é a vez de vocês, tomem as suas marcas! Formulem suas observações! Não há deserto na vida, mas sim o espaço de um estádio. Competição, certamente, mas a regra de ouro era, para ele, a lealdade aos parceiros.

Na minha vida, Fanon surgiu nesse espaço de fontes e confluência de águas, nas montanhas de Margeride. A propósito, que marginalidade estranha é essa do Maciço Central! Quem ousa falar de atrasados ou de refúgio de marginais? Ele veio para Saint-Alban precedido e seguiu,

[1] Este artigo foi originalmente publicado na revista *Information Psychiatrique*, n. 10, v. 51, dedicado a Frantz Fanon em dezembro de 1975. Posteriormente foi publicado em François Tosquelles, "Frantz Fanon à Saint-Alban". *Sud/Nord*, n. 22, 2007/1, pp. 9-14.

pelo mesmo percurso, os caminhos pouco acessíveis que, partindo de Lyon, levaram tantos outros ao mesmo reduto lozéreano onde eu mesmo fui acolhido alguns anos antes. Ele veio atraído pelas possibilidades de uma certa prática psiquiátrica que estava se fazendo ou se refazendo. Quero dizer que Fanon, ao ir para Saint-Alban, estava indo a *algum lugar*. Ele pressupunha, e não estava totalmente errado, que Saint-Alban não era um campo de trincheiras. Presumia que Saint-Alban constituía um campo de ação que estava tentando oferecer possibilidades – controláveis – para que a loucura tivesse sua palavra a dizer e pudesse se reelaborar. Ele ia em direção a um lugar onde a preocupação ativa dos psiquiatras convergia na resolução irrevogável de organizar, por um labor coletivo, seu próprio campo de trabalho. Não podemos compreender nada do projeto original de Fanon nem das circunstâncias que o levaram a se tornar um herói, ou até mesmo um herói trágico, se pensarmos em Saint-Alban como um espaço – um hospital psiquiátrico –, um novo tipo de "reserva natural" onde se respira o ar puro da montanha; como uma "zona rural" ou um "castelo" protegido dos supostos males da civilização industrial ou da sociedade de consumo. Não era isso. Não se tratava nem para Fanon nem para tantos outros que trabalharam em Saint-Alban de se trancar em caixas em oposição distintiva com as conhecidas concentrações carcerárias e sufocantes da psiquiatria "notacional" clássica. Não se tratava nem mesmo de uma oposição "reativa" ou de uma reação de oposição aos hospitais psiquiátricos de grande isolamento. Era no percurso a ser percorrido, no dinamismo, que ele buscava as diferenças. Estas apareciam na teoria e na prática da evicção terapêutica. Dois parênteses esclarecerão a questão.

Fanon vinha como tantos outros de Lyon, da faculdade de medicina de Lyon. Caricatura, como se fosse necessário, do cartesianismo analítico, florão da sua eficácia sobre o objeto anatomofisiopatológico que fundamenta a medicina em geral e se fragmenta em especializações intermináveis e desmedidas. Lyon havia produzido (vejam só, até Paris, por favor, como convém) os "Resumos Médico-Cirúrgicos", com dois volumes dedicados à psiquiatria e à formação profissional dos psiquiatras. Um capítulo por doença. A sequência bem conhecida: diagnóstico, prognóstico, tratamento. Bom para o diagnóstico. Admiração não surpresa diante das muitas formas clínicas descritas, das dezenas, até centenas de páginas. Depois, o resultado e a justificativa pragmática de um trabalho tão louvável: o tratamento é preciso, claro. Eis que esse tratamento pode ser resumido em uma única linha. O que estou dizendo? Nem em uma linha. Uma única palavra é suficiente. Sem erro possível na prescrição. Sem nuances, sem doses, sempre gerando erros lamentáveis. Aqui está, em letras maiúsculas: TRATAMENTO: INTERNAÇÃO. Nem mais nem menos.

Não gostaria de me limitar a anedotas sobre Fanon. Mas, para ele, Lyon era isso, e dizemos que, para ele, Saint-Alban era diferente. Eis a anedota significativa – em relação a Saint--Alban e ao destino de Fanon. Era uma noite na capital da Lozère, Mende, com pessoas interessadas em cultura, portanto, de perto ou de longe na loucura. Falamos, conversamos sobre espaços, sobre diferentes tipos de espaços. Como é o espaço da loucura? E Fanon falou e desenvolveu o assunto usando, por favor, textos culturais: o do espaço da tragédia. Não era uma mera literatura comentada. Embora os textos e os pretextos tivessem sido fornecidos por "obras" clássicas, as do teatro. Quais eram os limites do campo de ação profissional dos psiquiatras? Onde estávamos com relação à chamada ação de higiene mental, ou até mesmo com relação à terapêutica? "Pacientes" assistiam, participavam desses encontros fora do hospital. Famílias de pacientes também. Eis o setor – como se diz? Psiquiatria de extensão? Pesávamos os riscos! Fanon consagrou a sua vida a isso. Ele morreu por causa disso. É preciso ler a tese de Azoulay[2] se quisermos entender a jornada de Fanon em Blida e o que se seguiu: nada mais, nada menos do que o seu envolvimento em uma psiquiatria de setor. Compreendemos as reticências – preventivas – de muitas pessoas. A prudência, pode-se dizer. Fanon nem sempre tinha à sua disposição a pretensa virtude da paciência. Ele assumiu seu destino trágico. Mas é ainda, e acima de tudo, psiquiatria.

Saint-Alban era o lugar de uma hipótese, não o lugar de uma aposta, tampouco o lugar de uma aventura. Os aventureiros podiam espichar o olho para Saint-Alban, como certos curiosos ávidos de novidades. Se às vezes provavam, logo enjoavam. O desmame era garantido. Mas Fanon ficou dois anos a mais. Não sei. Ele ainda está entre nós. Persiste, fala e age do lugar onde ele se esconde em nossa memória. Não apenas na minha. Parece que a memória também é um fato coletivo, um fato social, como se diz. Olhem! Ele está aqui novamente!

A hipótese de Saint-Alban não tinha nada de original ou absurdo. Isso dependia dos caminhos e das demandas de uns e outros. Um lugar "aberto" por dentro e por fora. Instituições, se preferirem, mas não uma instituição fragmentada ou negada. O plural e o diverso não são fragmentação. Mais do que ser um, é o que pode unir. Para unir, é necessário o diverso, e o diverso não é entretenimento. As instituições reúnem. Quando a reunião se torna fusão ou jogo infinito de espelhos, ela falha em seu próprio dinamismo e função. A hipótese colocada em Saint-Alban reunia seres humanos, loucos ou não, para que pudessem buscar em si mesmos a matéria móvel articulável e rearticulável da qual eles são constituídos e, infelizmente,

---

[2] N. T.: O psiquiatra e psicanalista Jacques Azoulay (1927-2011) escreveu sua tese *Essai de sociothérapie dans un service d'hommes musulmans* sob a orientação de Frantz Fanon no hospital psiquiátrico de Blida.

frequentemente forjados – como qualquer um – pela história. Se preferirmos, era um dispositivo de truques, de "cenas diversas" onde o verdadeiro alhures presentificável, na verdade, se representa.

Alguns chamariam isso de processo de cura. Outros enfatizariam os "re-encontros outros" ou as respostas a chamadas discretas e às vezes não formuladas: encontros outros em que, se quisermos, se soubermos, e não sem paradoxo, podemos encontrar a identidade de cada um: sua singularidade, sua des-alienação, sua des-personalização. A hipótese não é devaneio. O encaminhamento da hipótese não é repetição dogmática. O compromisso não é cegueira. Tudo isso foi concebido *a priori* por Fanon antes de chegar a Saint-Alban. Entre a faculdade de medicina (especialmente em Lyon) e Saint-Alban (em particular), Fanon, como tantos outros, percorreu o mesmo caminho, a mesma distância, fez os mesmos desvios e se instalou nos mesmos vales, nas mesmas florestas e na mesma lacuna que existe entre:

- por um lado, a clínica médica muito especialmente analítica, descritiva e cartesiana, sua doutrina e sua atuação – para não dizer suas passagens ao ato –, porque não quero que se pense que nego sua eficácia, muito menos em psiquiatria;
- e, por outro lado, a clínica psiquiátrica em que a divisão de seu objeto, no estilo anterior, se mostra inoperante simplesmente porque, aqui, ele está em questão; é o sujeito do sofrimento. A pane, se quisermos falar de mecânica, é o próprio processo de presentificação, ou mesmo de "produção" do sujeito adoecido. Vale salientar que não se trata da "produção social e negociável" produzida por um indivíduo social determinado, mas sim da própria produção do sujeito. É o sujeito que é produzido. E é sua produção que se encontra em pane.

Não há nada no itinerário – que vai da faculdade de Lyon e sua doutrina médica até Saint-Alban, com a hipótese que ali se desenvolvia – que represente algo da ordem do retorno às fontes; nada que retome a antiga oposição entre natureza e cultura, entre civilização e estado selvagem; nada que responda a uma suposta nostalgia do paraíso perdido. Obviamente, canções do pastor e suas ovelhas chegam aos nossos ouvidos – às vezes com uma maliciosa ironia ou disfarçadas sob a observação folclórica. Não ousaria dizer que pastores ingênuos de qualquer sexo e condição não possam ouvi-las com complacência ou, ao contrário, ficar ofendidos. Bobagem. A atitude que levou Fanon de Lyon a Saint-Alban não era desse tipo. Ele era perspicaz e um bom ouvinte. Não se deixava enganar; alguns diriam que ele era até mesmo "patologicamente" desconfiado, talvez um pouco paranoico. Uma atitude assumida de "paranoia crítica", da qual a operacionalidade do psiquiatra em formação (o verdadeiro psiquiatra está sempre em formação), sua "marginalidade" em relação à cultura cartesiana e racionalista, suas "distinções" e seu terceiro ouvido são a única coisa que lhe permite tecer uma rede com os produtos que ressuda do sofrimento de "seus" pacientes. Fanon não sofria dessa terrível doença endêmica que, pela "voz de seu mestre", congela o pensamento de muitos na "normopatia". Felizmente para ele e para os pacientes que ele pôde tratar. Até onde eu sei, ele não tentou se curar da sua "normopatia" enveredando em uma "cura" didática, no sentido psicanalítico. Com ou sem razão, para se livrar dos efeitos da "normopatia", ele investiu e assumiu sua própria palavra. Por quais caminhos? Quais eram seus reasseguramentos narcisistas? Não sei; não importa. Na verdade, ele trabalhava e era trabalhado por sua palavra. Ele brincava com o seu ser, muito além e aquém da função auxiliar prescrita ao verbo ser em certos "tempos" do discurso. Aliás, nem a dimensão poética nem a dimensão racional de suas produções discursivas lhe escapavam. Seu discurso era impulsionado por todo o seu corpo. Mas não pensem que isso o levaria à histeria. Ele vigiava as armadilhas e os perigos. Para ele, nunca se tratava de fingir. Mesmo seu lirismo nunca foi uma fuga para o imaginário verbal. Se ele voava, era para ver melhor, para se distanciar antes de aterrissar em busca de novas ações mais operatórias. Ele era testemunha, principalmente por meio de suas ações. Sua vida não era nem uma narrativa, nem um recital, nem uma sequência de atos. Não quero idealizá-lo. Ele se enganava às vezes, como todo mundo, e talvez seus enganos fossem mais graves em razão dos seus engajamentos no processo de cura. Contudo, mesmo nessas eventualidades, não vi pacientes que tenham guardado um rancor irreversível contra ele ou que tenham sido aniquilados por isso. Sua mão e sua voz estavam sempre prontas e estendidas para o outro e seu sofrimento. Acredito que não era difícil para ninguém, por mais mentalmente debilitado que pudesse parecer aos olhos de uma nosografia clássica, aproveitar a oferta e o chamado surgidos do rigor estrutural e estruturante do seu pensamento "poético". Ele não escondia seu trabalho de polidor de conceitos – essas "armas-ferramentas" do artesão – onde seu papel de facilitador não era contestado por ninguém. O artesão, a propósito, não destrói a matéria em que trabalha. Na verdade, ele a respeita, percebe suas linhas de força e as revela com a ajuda de suas ferramentas. É por isso que às vezes – e isso é importante em relação ao artesão Fanon – pode haver uma impressão de violência. É isso que às vezes pode gerar medos, aqui e ali. No entanto, notemos onde esses medos aparecem e se propagam, por rumores frequentemente maliciosos. Ouso dizer que esses medos se formulam facilmente onde alguns se subtraíram de si mesmos na obra. O medo e a violência vivenciados no outro justificam a fuga, a preguiça ou a abstenção. Nenhum carpinteiro, marceneiro ou escultor poderia formular uma acusação de violência contra outro artesão sob o pretexto de que este trabalha, ou bate com suas ferramentas, martelos, serras e assim por diante. É extremamente raro que um artesão utilize suas ferramentas de trabalho como arma para matar, ou que se suicide com elas. Entretanto, devemos admitir que a manipulação de ferramentas, vista de longe, pode ser assustadora. Dizem que acidentes podem ocorrer num piscar de olhos. Portanto, o melhor, o mais sábio, o mais prudente é não fazer nada.

É verdade. "Acidentes" pontuam a vida – sempre social – quero dizer, a vida com os outros, aqueles que conhecemos e aqueles que não conhecemos, os próximos e os distantes, os outros e seus representantes. Sempre há o imprevisto, o enigmático, os mal-entendidos, os equívocos, as recuperações, os desvios, as capturas e os roubos no jogo de uns com os outros. Navegar com os outros não se reduz à realização de uma *rêverie désidérative* [devaneio desiderativo]. A obstinação repetitiva de um projeto não parece ser um bom conselho para os navegadores. Fanon, ao contrário de alguns jovens aventureiros imprudentes, tinha diante de si, e ele não se esquecia disso, a cartografia que outros navegadores haviam traçado antes. Isso não o impedia, muito pelo contrário, de estar atento e desperto para as variações incessantes do mar e os caprichos dos ventos. Isso não o impedia de buscar o desconhecido e ir um pouco mais longe, mas, acima de tudo, isso não o impedia de se esquivar dos riscos calculados. Já dissemos antes, ele se equivocava às vezes. No entanto, nunca buscava a tempestade para provar a si mesmo a medida, ou o excesso, do seu poder. Não temia a tempestade, se ela se apresentasse. Sua responsabilidade era enfrentá-la. Fanon certamente amava o barco, seu barco. Mas, não nos esqueçamos, ele estava sempre indo a algum lugar. Essas são as limitações e o lugar de seu narcisismo.

Tenho certeza de que, se ele me pudesse ler, riria das minhas metáforas de marinheiro e me chamaria de idiota. Mais uma razão para continuar a insistir, pois eu gostaria de dizer que sua navegação na psiquiatria pressupunha, como em cada um de nós, a preexistência de um campo de transição, o campo da ilusão – como Winnicott a chama e define o seu alcance funcional no processo de humanização de cada um. Essa ilusão não deve ser confundida com as exigências delirantes de um desejo todo-poderoso devido à onipotência do desejo. Fanon tinha sido alimentado de ilusões; isso se chama a virtude da esperança na religião cristã. Não tinha nada a ver com os fatos dos manipuladores de ilusões, digamos, de um certo clero ilusionista.

Para concluir, percebo que não disse nada, ou quase nada, sobre Fanon – nem mesmo sobre Fanon em Saint-Alban. Na verdade, estou satisfeito. Não dizer nada, aqui, significa tudo o que a vida, a amizade e o trabalho compartilhados com Fanon despertaram em mim. E isso importa. Tenho a esperança de que alguns jovens psiquiatras se identifiquem com isso. Além disso, tenho absoluta certeza de que a colheita vai surgir em algum lugar.

CURIOSIDADE CLÍNICA, CLÍNICA DA CURIOSIDADE[1]

Bom! Começo a pensar que em breve terminará essa extraordinária jornada, esse vaivém de palavras que giram em torno da curiosidade. Antes de vir aqui, infelizmente, sofri um acidente e já não me lembrava exatamente do que deveria dizer, nem do título do que estava previsto. Assim que consegui me recuperar um pouco, comecei a refletir sobre o que, se fosse o caso, eu deveria dizer.

Preparei o início e o fim do meu discurso dizendo a mim mesmo que, entre os dois, colocaria, como em um sanduíche, a carne que poderia aparecer aqui ou em outro lugar. No início, de repente, vi nitidamente: na palavra "curiosidade" [*curiosité*], existe a palavra "cura" [*cure*], que vem do latim "*cura*", que, paradoxalmente, significa cuidar dos outros, se preocupar com os outros. É como em Dax, aquela estação de cura termal onde podemos encontrar outros homens e mulheres que sentem certas dores corporais e ficam mais ou menos pelados, em uma banheira – é sempre necessário ficar imerso na água, mesmo quando não há, e especialmente quando não há; ou na lama, se possível quente – é como em Dax no filme *8½*, de Fellini, para falar de outro palhaço antes de falar de mim mesmo.

---

[1] Esta é a última intervenção de Tosquelles nas Jornadas de Dax. Voltamos à gravação dessa comunicação e extraímos o essencial, alterando o mínimo possível a forma do discurso. Não tentamos interpretar o que era inaudível ou difícil de entender. Apagamos, entre outras coisas, o final, que só Tosquelles poderia transcrever corretamente. A morte não lhe permitiu fazê-lo. Publicado em Michel Minard, "De la curiosité en psychiatrie". *Troisièmes Journées de Psychiatrie de Dax*, Érès, dezembro de 1993, pp. 159-64.

Mastroianni vai a um estabelecimento de cura termal e, em busca de si mesmo, começa a sair do nevoeiro da existência. Lá encontra companheiros de cura, técnicos e profissionais do termalismo e, entre todas essas pessoas, um chefe supervisor, ou seja, um bispo, um homem que observa tudo, que supervisiona, um "episcópio" que tem um *scópio* ao seu redor. E o pobre Mastroianni começa a contar ao bispo que sua mãe, sua esposa, sua irmã são putas, atrizes inautênticas. O "episcópio" em questão lhe diz, olhando para cima e apontando para o céu com a mão: "Oh! Oh! Olhe, lá no alto! Lá no alto!". De fato, um pássaro estava passando. Eis uma atividade psicoterapêutica muito bem conduzida pela mão, por esse oportuno "episcópio".

Queria dizer simplesmente que só podemos experimentar a curiosidade na medida em que cuidamos do outro. Se cuido de alguém, então a curiosidade se desperta e produz, ou não, efeitos mais ou menos excitantes ou inibidores. Portanto, existe a cura na cura, que pressupõe o despertar mútuo de um certo número de curiosidades um pelo outro, tanto do terapeuta pelo suposto paciente quanto do paciente pelo terapeuta, e até mesmo além, pela sua família, enfim, por tudo que concerne à sua vida.

Eu estava pensando em começar por aí, dizendo a mim mesmo que era uma oportunidade extraordinária vir a Dax para abordar essa questão da curiosidade na cura. Não podemos abordá-la da mesma forma em outro lugar. Mas também estava pensando na conclusão do meu discurso e me propus evocar um certo número de parâmetros dos quais às vezes gostamos muito. Um desses parâmetros foi evocado anteriormente pelo meu colega Patrick Faugeras[2] quando falou de Nietzsche e da vontade de potência. Então completo o trio de jogadores de

---

[2] N. T.: Patrick Faugeras é psicanalista, tradutor, autor de vários livros que tratam do atendimento em instituições e da clínica das psicoses. Foi, codiretor da coleção *Des travaux et des jours* nas edições Érès.

cartas dizendo: "Nietzsche, Freud, Marx". Esses três indivíduos foram os inventores da suspeita como método, como chave para a vida concreta. Tínhamos de olhar por cima das cartas, ou seja, tínhamos de suspeitar. Parece que Nietzsche, Freud e Marx eram especialistas na suspeita. Disse a mim mesmo: "Merda! Eu, que acredito ser bastante freudiano e bastante marxista, se é verdade essa história de suspeita, estamos perdidos!".

Foi então que encontrei as palavras com as quais iria terminar o meu discurso, antes de colocar algo no meio para animar a entrada e a saída, antes de colocar o recheio. Mas parece que o Andreoli[3] me roubou – muito bem, aliás – o final do meu discurso. Eu queria terminar dizendo que, se a nossa curiosidade se baseasse na suspeita do que o outro esconde, do que o outro manipula, seria o fim. Se não houver em todo terapeuta (enfermeiro, psicanalista ou psiquiatra) a distância, quase o desapego, para não dizer a neutralidade, é impossível não ser tomado pela suspeita. Ele não pode ser terapeuta se é tomado pela suspeita, se é motivado pela suspeita da descoberta da suspeita, da qual não digo, como Oury, que essa coisa deve fatalmente permanecer escondida, mas cuja estrutura de segredo é talvez fundamental.

É verdade que homens, mulheres e crianças buscam a todo custo uma certa segurança, mesmo ao preço da ignorância, mesmo ao preço da negação do que sabem muito bem. Ficamos mais tranquilos quando não sabemos. Por isso eu disse a Geissmann,[4] quando ele falava das pulsões epistemofílicas, que o que não é indubitável é como devemos saber. Porque, conscientemente pelo menos, o que em geral estabelecemos são técnicas para não saber. Eu não iria ao

---

[3] N. T.: Antonio Andreoli foi psiquiatra, psicanalista, professor universitário e diretor dos serviços psiquiátricos do Hospital Universitário de Genebra, Suíça.

[4] N. T.: Pierre Geissmann (1930-1995) foi psicanalista e psiquiatra, chefe do Departamento de Psiquiatria Infantojuvenil do Centro Hospitalar Charles Perrens, em Bordeaux, e professor de psiquiatria infantil na Universidade de Bordeaux.

ponto de repetir aqui o que eu disse a Houria Chafaï-Salhi:[5] "Só há liberdade na fuga".

Para ilustrar, vou contar o que aconteceu com um dos meus amigos catalães, um professor. Esse homem queria que seus filhos soubessem tudo de todas as coisas. Sua esposa estava esperando um bebê. Ele decidiu fazer seu filho de cinco anos assistir ao parto. Ele mostrava tudo: "Olha, aquilo é o púbis da sua mãe. Aquilo é a vagina da sua mãe. Ela está se abrindo. A cabeça do seu irmão está aparecendo. Atenção! O passarinho vai sair!".

Algum tempo depois, na escola, houve brigas no pátio entre dois grupos rivais. Um era formado por aqueles que afirmavam que as crianças vinham das cegonhas e o outro por aqueles que diziam que elas saíam do ventre da mãe. Qual não foi a surpresa do meu amigo quando descobriu que seu filho, aquele que havia assistido ao parto, era o líder do grupo dos repolhos! Ele veio se consultar comigo, dizendo: "Meu filho está louco! Ele está perdendo a memória, é um caso de Alzheimer muito precoce! O que devo fazer?".

Outro dia – isso é verdade, mesmo que vocês não acreditem em mim – eu reencontrei Ajuriaguerra[6] (é Houria que me faz lembrar de Aj-Houria-Guerra), que se mandou para o além. Ele me disse: "Você sabe, né? Não vale a pena, é tão chato aqui no além quanto lá na terra. Pode ficar lá!". Agradeci a Ajuriaguerra. Isso são segredos íntimos, porque

---

[5] N. T.: Houria Chafaï-Salhi é psiquiatra argelina, professora de psiquiatria e chefe de departamento do Hospital Frantz Fanon, em Blida. Autora de numerosos trabalhos sobre psicopatologia feminina e adolescentes. Publicou *Tsouha, tu grandiras*, (Argel: ENAG, 1992), uma obra sobre o desenvolvimento da primeira infância.

[6] N. T.: Julian de Ajuriaguerra (1911-1993) foi psiquiatra e professor francês de origem espanhola, uma das referências para a criação da psiquiatria de setor. Participou do Exército republicano espanhol logo no início da Guerra Civil; em 1945 explorou os diversos campos da neuropsiquiatria com Henri Ey, Pierre Mâle, Serge Lebovici e René Diatkine.

as conversas com os mortos não podem se tornar públicas, senão vão nos considerar loucos! E, no entanto, direi que grande parte das conversas que temos com os outros são sempre conversas com mortos. Às vezes, para poder falar seriamente com alguém, é preciso matá-lo antes. Você o mata e depois fala com ele, assim não corre muitos riscos. Porque senão, se você fala, nunca se sabe!

Bem, estou quase terminando! O começo era: "A cura leva à cura de...". E atenção, ao levar à cura de, não se deve abrir a caixa de Pandora sobre a qual Vermande nos falou. Vou contar a vocês outra história pessoal, outro segredo. Meu analista se chamava Sandor. E, evidentemente, nós caíamos no sono durante as sessões. Ele me perguntava: "Estamos caindo no sono?". E eu respondia: "Não! Estou me sentindo maravilhosamente bem". Assim, a partir desse sono mútuo, tínhamos uma comunicação fora da sessão, quase extraterrestre. Eram viagens extraordinárias. Mas não posso lhes trazer joias maravilhosas das viagens que fiz segurando a mão de Sandor e caminhando com ele no inconsciente, porque isso era tão secreto que mesmo eu não me lembro de nada.

É por isso que, quando queremos fazer viagens pelo inconsciente, sempre precisamos fazer isso acompanhados de outra pessoa, seja a Beatriz de Dante, seja qualquer outro, um carroceiro que esteja passando por ali ou um garçom num café. Pois nunca sabemos com quem vamos viajar no inconsciente. Por exemplo, Ulisses, antes de começar sua psicoterapia, caiu nas profundezas dos oceanos. Lá encontrou, entre outros mortos, sua mãe e muitos companheiros de sua vida passada. E conversou com esses mortos. Depois retornou à superfície, nadou, boiou e sobreviveu a essa viagem subaquática. Chegou a uma praia cercada de juncos onde viu Nausíca, uma jovem que lavava a roupa suja da família à beira da água. Contou a ela o que havia acontecido. Ela lhe disse: "Venha à minha família, você explicará tudo isso aos outros". E, assim, toda a família, toda a instituição familiar, após o relato de Ulisses, começou a construir um barco para que esse homem corajoso pudesse continuar sua viagem.

Tudo isso para dizer que o próprio termo curiosidade, como vocês sempre disseram e insistiram, suscita diferentes juízos de valor. Às vezes é considerada radicalmente positiva e outras um defeito moral repreensível. Era isso que eu havia escrito para colocar no sanduíche, entre a cura na cura e a prudência que Andreoli nos mostrou. Andreoli não foi o primeiro a nos falar sobre prudência. Houve uma vez um psicanalista, cujo nome esqueci, que um dia, no serviço de [Henri] Ey em Sainte-Anne, explicou que, em razão de certas imprudências dos trabalhadores da saúde, poderia emergir uma certa violência por parte dos pacientes, quando o analista comete a imprudência de dizer abertamente a um paciente o que ele pensa dos motivos de sua ação naquele momento. Por exemplo, dizer a ele que pensa, que se fez isso ou aquilo, é porque queria matar sua mãe ou algo do tipo. E o paciente, porque é verdade que ele pensa isso, em vez de dizer: "Sim, sim! Você tem razão, papai!", pega uma faca e mata o analista. Há uma passagem ao ato provocada pela incapacidade do analista de conter sua reação imediata. E isso é verdade não apenas no que diz respeito à psicanálise.

Evidentemente, eu queria dizer muitas outras coisas. Primeiro, que é difícil para os outros descobrirem que, no fundo de nós mesmos, não é que sejamos uma merda, é pior: somos vazios. Não somos nada. Pior do que nada. Bion falava do "espaço vazio" como zero, infinito, vazio e sem forma. Eu prefiro falar do caos. Para falar como os norte-americanos, é preciso ajudar o cliente – sim, o cliente, porque é um negócio – a suportar o seu zero, infinito, vazio e sem forma, para que, sobre essa base sólida do vazio, ele possa construir sua pessoa, apesar das máscaras.

As máscaras não me fazem pensar em Veneza, mas no Musée de l'Homme. Há muito tempo, um antropólogo, talvez Mauss, inaugurou uma exposição de máscaras no

Musée de l'Homme, em Paris. Na mesma época, com Lebovici,[7] Diatkine[8] e alguns outros, estávamos discutindo se os franceses eram capazes de enviar um psicanalista a uma reunião sobre psicoterapias de grupo que estava acontecendo em Londres. Então dissemos: "Rápido! Rápido! Criem uma sociedade de psicoterapia de grupo". Assim, constituímos essa sociedade e decidimos enviar Lebovici para Londres, pois ele estava muito animado com isso. Mas desde o início houve tantas divisões entre os norte-americanos que não foi possível realizar a reunião em Londres. E o pobre Lebovici se viu com o bebê no colo. E disse: "Merda! Agora que temos a criança, não podemos matá-la!".

No entanto, a reunião constituinte da nossa sociedade ocorreu em um bistrô do Musée de l'Homme chamado Le Totem. E, naquele dia, eu estava muito atento ao que via, ao que ouvia, ao totem e às máscaras sobrepostas, como séries de ancestrais. E pensei que, finalmente, o problema do homem não é tanto designar quem é o seu único pai, mas sim construir um polipai. O ser humano não pode viver com apenas um pai. Ele precisa de vários pais. Ele precisa de *re-pères*,[9] como se costuma dizer.

---

[7] N. T.: Serge Lebovici (1915-2000) foi um psiquiatra e psicanalista francês.

[8] N. T.: René Diatkine (1918-1997) foi um psiquiatra e psicanalista francês. Contribuiu para o avanço da psiquiatria da criança e do adulto, para os tratamentos das psicoses e para a psicanálise.

[9] N. T.: As palavras *"père"* e *"repère"* em francês significam respectivamente "pai" e "referência" em português. Tosquelles faz um jogo de palavras entre *"père"*, *"repère"* e *"re-pères"*, sendo inviável traduzir essa segunda para o nosso idioma. O prefixo "re" costuma indicar não apenas repetição, mas também intensidade. No caso, as palavras *"père"* e *"re-pères"* não possuem relação, tendo a primeira surgido do latim *"pater"*, enquanto a segunda, *"reperire"*, em latim, significa "descobrir", "desvendar", "encontrar". A graça do duplo sentido está no significado da palavra *"re-pères"*, que costuma denotar algo utilizado para a localização no espaço ou compreensão em um conjunto. Vale salientar que *"repères"* em francês também é considerado uma espécie de repertório íntimo, além do duplo sentido de muitos pais, pois no dia a

Na mesma época, Diatkine e alguns outros ocuparam em peso um serviço infantil, onde havia crianças meio doidas e educadores. Pensaram: "Ah! Seria ótimo se colocássemos um psicanalista aqui!". Fui lá um dia para assistir a uma reunião com os "coloni-analistas", ou "colonia-listas". Ouvi algo espantoso da boca de um dos psicanalistas. Ele disse: "Viemos aqui, senhoras e senhores, para ver se o que Freud disse é verdade ou não". Sob o pretexto de ajudá-los, eles foram lá ver se o que Freud dizia era verdade ou não! Fiquei furioso! Mas constatei, antes de vir para cá, que o tempo passou e que há evoluções surpreendentes e bem-vindas. De fato, Diatkine descobriu, por sua vez, que os psicanalistas têm a mesma dificuldade de controlar o futuro que os economistas e os políticos. Ele escreveu: "O psicanalista, porém, tem uma posição particular que eu gostaria de enfatizar. Se ele pode ajudar seu paciente a sair do fatalismo da repetição, é porque ele não está ali para demonstrar que o que ele entende é verdade, mas para avaliar os movimentos provocados pelo quadro instituído". Por um momento, Diatkine descobriu também a psicoterapia institucional!

É de fato muito importante que nós, analistas e profissionais da saúde, não sejamos atraídos pela satisfação de compreender nem de trazer uma tecnologia de segunda linha inspirada na psicanálise. Penso em Oury e na piada que fazíamos sobre De Gaulle: "Se entendemos alguma coisa, merda! É muito sério! Pois se entendemos alguma coisa e queremos agir, dizemos: 'Entendi', e bum! É guerra geral e os mortos vêm a uma velocidade extraordinária". Porque o pior que pode acontecer ao ser humano é estabelecer relações com os outros unicamente com base na compreensão. É melhor agir sem se compreender e sem se preocupar se o

---

dia, "*mes repères*" ("minhas referências") denota referências, coisas que são conhecidas para uma pessoa. (Agradeço as contribuições de Álan Belém e Carolina Elias.)

outro compreendeu ou não. O problema é participar desse "cair no sono juntos". "Ah, bela, se você quisesse, dormiríamos juntos."

Já que falo sobre a beleza, uma última palavra para prestar uma última homenagem concreta a Houria Chafaï-Salhi. Uma homenagem antiga, não de hoje, de antes. Tenho aqui um livro de Henri Corbin[10] que situa bem a questão da imaginação criadora no sufismo de Ibn Arabi.[11] Fiquei muito interessado em Ibn Arabi, primeiro porque ele coloca o problema da criação (e não da imaginação ou da fuga para o imaginário e a imagem) que encontrava sua própria fonte nas poesias sufistas. O sufismo foi paradoxalmente trazido pelos árabes, no mesmo pacote de toda a cultura grega, para Córdoba, Almeria, Sevilha, Málaga etc. Isso é o que realmente faz parte da nossa cultura. Da nossa, não da cultura dos bárbaros (os alemães, os normandos, os francos), mas da cultura do Mediterrâneo. Onde tudo gira em círculos e onde nos encontramos, com a imaginação criadora, no sufismo de Ibn Arabi...

Tosquelles menciona em seguida Averróis, Avicena, Maimônides, a Sorbonne, os anjos e os profetas, mostrando assim que, embora seu único interesse fosse o presente, ele nunca se esquecia do passado e se preocupava com um futuro que ele sabia que logo o alcançaria.

---

10 N. T.: Henry Corbin (1903-1978) foi um filósofo, teólogo e professor de Estudos Islâmicos da Universidade de Sorbonne, em Paris, França.
11 N. T.: Abacar Maomé ibne Ali ibne Arabi (1165-1240), mais conhecido como Ibn Arabi, Abenarabi e Ben Arabi, foi um místico sufi, filósofo, poeta, viajante e sábio hispano-muçulmano do Alandalus.

PELA MEMÓRIA DE FRANÇOIS TOSQUELLES[1]

Jacques Tosquellas

> Aqueles de quem sentimos falta não têm estátuas nos parques, mas estão ao abrigo nas memórias.
> *Luis Sepúlveda*

> Nossa única pátria é a infância,
> a língua que partilhamos, a língua que inventamos.
> Perdi esta terra, como perdi a minha língua materna.
> O que fica… é essa outra parte que é de todos porque nunca será de ninguém. A infância.
> *Santiago H. Amigorena*

De François Tosquelles, meu pai, nosso pai, poderíamos (e deveríamos) dizer muitas coisas. Pessoalmente tentei,[2] mas outros que o conheceram (ou não) também o fizeram e continuam a fazê-lo. Disse recentemente[3] que desconfio do processo de mumificação que esses discursos e suas exibições podem comportar. No entanto, apesar de tudo, continuo a participar. Preservar a memória é tarefa essencial para dar um alicerce às práticas do presente e do futuro. Não dizem que a pessoa morre duas vezes, quando morre e quando é esquecida? Mas não esquecê-la pode levar à sacralização

---

[1] N. E.: Este texto reproduz uma breve intervenção de Jacques Tosquellas, nos dias 12 e 13 de novembro de 2023, na cerimônia de inauguração da placa comemorativa na casa onde viveu François Tosquelles em Granges-sur-Lot.

[2] Jacques Tosquellas, *Francesc Tosquelles, ses vices constitutionnels, psychiatre, marxiste, catalan*. Cour-Cheverny: La Boîte à Utiles, 2014.

[3] Id., intervenção na mesa-redonda organizada em Reus pelo Instituto Pere Mata em junho 2022: "Evocar lo que ha traído el doctor Francesc Tosquelles".

e ao engessamento, tanto da pessoa quanto da obra. E, nesse caso, pessoas e obras não servem para quase nada na práxis, exceto para exposição e exibição, perdendo assim vida e dinamismo.[4]

Hoje, gostaria de enfatizar um aspecto particular do percurso de François Tosquelles que muitas vezes é deixado de lado, por ser considerado secundário. Refiro-me à sua experiência no início da Guerra Civil Espanhola, no *front* de Aragón, em 1936. Como militante do POUM [Partido Operário de Unificação Marxista], logo após o golpe militar de Franco ele ingressou nas milícias criadas por esse partido. É importante mencionar que ele já era membro do Bloco Operário e Camponês (fundado em 1931 e liderado por Joaquín Maurín), um movimento marxista que precedeu a formação do POUM, em 1935, por meio de aliança com a Esquerda Comunista da Espanha (liderada por Andreu Nin). Esse movimento tinha renunciado havia algum tempo a reformar o Partido Comunista da Espanha e havia se separado do movimento comunista internacional, dominado pela

---

[4] Em mensagem, comentando meu texto, Enrique Serrano sugere que eu insista na ideia de que existem duas formas de morrer: a forma física e a forma relacionada ao esquecimento. "Não podemos fazer nada para evitar a morte física, mas podemos contribuir para uma certa forma humana de eternidade através da memória". Acrescenta, sobre a sacralização e a gelificação, que se elas atacam tanto a pessoa quanto a obra, as consequências não são as mesmas. "A pessoa acabará desaparecendo com o tempo, à medida que desaparecem aqueles que a conheceram e frequentaram, principalmente a família, enquanto a obra deve ser preservada, tanto entre os que dela participaram quanto entre os que não o conheceram". Por fim, especifica, dirigindo-se diretamente a mim, que eu me coloque em uma dupla filiação, filho e discípulo, conforme o contexto da narrativa. Para Enrique, isso não é discordante e define "a relação que tive com meu pai". Uso o prenome François, em vez de Francesc, porque "é com esse prenome que eu o conheço desde o meu nascimento". "Francesc corresponde a uma parte de sua história que me interessa e que valorizo, mas não corresponde à forma de tratá-lo na França, país onde nasci".

Terceira Internacional e pelo Partido Comunista da União Soviética, liderado por Stálin.[5]

Nas milícias do POUM, ele participou da complexa evacuação dos pacientes do hospital de Huesca e Serinyà. E, principalmente, em relação ao que quero desenvolver aqui, ele viveu uma experiência fundadora que vai prolongar aquela que ele havia vivido antes da guerra no Instituto Pere Mata e em outros lugares dirigidos por seu amigo e mestre, o professor Emilio Mira. Essas experiências influenciaram seu trabalho.[6]

[5] Quando surgiu o movimento, a Esquerda Comunista da Espanha se separou de Trótski. Vale salientar que, ao contrário do que se afirma frequentemente, o POUM não era trotskista. Na voz da Terceira Internacional, evidentemente, havia uma confusão manipuladora intencional, qualquer oposição era concebida como "trotskista", ou até mesmo "trotskiano-fascista", e o POUM só poderia ser considerado trotskista! Aliás, algumas vezes foi dito que Trótski não entendeu nada da Guerra Civil Espanhola e que ele criticou firmemente as posições e ações do POUM... Porém isso não impediu as perseguições contra os trotskistas, reais ou supostos. Sabemos que Ramón Mercader acabou assassinando Trótski, no México, com uma picareta. O escritor cubano Leonardo Padura fez um relato extraordinário dessa história, embora romanceado, seu livro *O homem que amava os cachorros*, trad. Helena Pitta, São Paulo: Boitempo, 2013.

[6] Psiquiatria de extensão, local e organização do trabalho, seleção... Sobre esse tema, tenho apenas um documento manuscrito de Tosquelles (incompleto) que serve como prova. Esse texto não tem data. Tosquelles escreveu uma observação ao lado desse texto, mencionando dois outros textos que ele intitula: "Notas sobre as práticas psiquiátricas de Tosquelles durante a Guerra Civil Espanhola". Ele havia planejado a publicação conjunta desses textos. O primeiro, que nunca foi publicado, é uma intervenção feita no Hospital de Salt, próximo a Girona: "Um pequeno trecho da 'conferência' proposta durante a reunião organizada no hospital psiquiátrico de Salt... Ele fala do primeiro ano da psiquiatria no *front* de Aragón, então controlado pelas 'milícias' armadas da Catalunha". É esse texto que nos referimos aqui. O segundo texto é uma conferência proferida por Tosquelles na Sociedade Andaluza de Psiquiatria, nos dias 18 e 19 de novembro de 1983, em que se discutem, além dos modelos dos psiquiatras, as práticas de Tosquelles em Castela-Mancha (província de Ciudad Real), no centro da Espanha, após os "eventos de Maio". (Em maio de 1937, houve o ataque

Em Aragón, ele atuou em um hospital onde, nos poucos leitos sob sua responsabilidade, ele ficou encarregado de receber jovens médicos que se alistaram (ou foram alistados...) no exército republicano e iriam para o *front*.

Esses jovens médicos, evidentemente, tinham medo da guerra, como todo mundo. Mas, além do perigo dos tiros e da morte, o envolvimento desses jovens no processo de uma guerra civil iria fazê-los vivenciar uma experiência de divisão de identidade e mudar brutalmente todos os seus preconceitos e maneiras de ver o mundo. O médico vê o mundo como um "mundo burguês ou pequeno-burguês", "para ganhar dinheiro", e a guerra civil iria obrigá-los a levar em conta diversos subconjuntos, a se descentralizar de seu mundo. Nesse sentido, eles iriam se deparar com a angústia e o medo. Portanto, era necessário ajudá-los nesse processo de confrontação e transformação... um processo que nunca se encerra e é sempre diferente, conforme a situação e os encontros. Hoje, poderíamos dizer que seria necessário ajudá-los a levar em conta sua contratransferência.

Esse hospital era administrado por médicos de todas as tendências. Havia comunistas, poumistas, socialistas, anarquistas...[7] E, sobretudo, nenhum dos partidos de filiação tinha uma posição dominante. Mas posteriormente isso iria mudar, quando o Partido Comunista assumiu um papel predominante na condução da guerra e dos assuntos da República. Havia pontos e ligações entre todos. O trabalho

---

à central telefônica de Barcelona pelas forças da gendarmaria e do partido comunista – controladas pelos anarquistas da CNT [Confederação Nacional do Trabalho] e apoiadas pelo POUM –, evento que serviu de pretexto para a proibição do POUM e a repressão contra ele). Esse texto foi publicado na Espanha, na revista *Folia Neuropsiquiátrica*, v. 19, n. 2, 1984, pp. 253-62, com o título: "A propósito de los modelos de asistencia en psiquiatría" (relatório para o IV Encontro da Sociedade Andaluza de Psiquiatria, Jaén, 18-19 de novembro de 1983).

7 Evidentemente, não havia franquistas.

era realmente um trabalho de equipe, em que a análise das dificuldades e das contradições era constante. Os jovens médicos que ficavam "hospitalizados" alguns dias eram acolhidos por todos e integrados ao grupo, especialmente na vida cotidiana. Eles experimentavam uma forma de vida comunitária que contrastava com seu individualismo intrínseco. Tinham de viver em um cenário em que as contradições podiam ser geridas, tanto em âmbito individual quanto coletivo. Essa situação convinha perfeitamente a Tosquelles. Por sua experiência no Instituto Pere Mata de Reus, mas também, ou sobretudo, por suas escolhas políticas, por sua ligação com o POUM e por aquilo que isso representava. Não é por acaso que o POUM utiliza o termo "unificação" e não "unidade". Unificação indica movimento, esforço e trabalho contínuo para alcançar a unidade. Para tender à unidade. Porque a vida é movimento, e o movimento é criado por contradições em ação. Portanto, a questão é reconhecer essas contradições, analisá-las, assim como as razões de sua existência, suas forças e seus eventuais devires. A questão é não negá-las, mas ajudá-las a se articular e evitar que o movimento se congele em uma posição friamente mortal, como bem conhecemos.

Sem movimento, não há vida. Pulsão de morte e pulsão de vida devem se articular.[8] Devemos analisá-las continuamente e criar espaços para que elas se desenvolvam e liberem sua energia. No fundo, o objetivo é garantir que o instituído não se torne dominante e que o instituinte, com sua força e energia, o contradiga. Mas, por sua vez, o movimento de institucionalização surgirá como uma negação do anterior, permitindo que formas provisórias e instituições se construam. Reconhecemos aqui o jogo dialético tal como desenvolvido

---

[8] A pulsão de morte leva à repetição, à procura da satisfação do desejo "vivida" no passado, o que levaria à imobilização e à morte; a pulsão de vida tende a buscar essa satisfação no presente e no futuro, o que leva ao movimento e à vida. Mas também à incerteza…

por Hegel, com seus três tempos que se negam uns aos outros, simultaneamente, e não em sequência cronológica.[9]

"Simultaneamente", termo muito em voga hoje em dia. Mas um "simultaneamente" cujos desafios se colocariam na prática cotidiana, em todos os níveis, e que não apareceria apenas, como acontece muitas vezes, como uma palavra de ordem ou uma bandeira hasteada para que as multidões se reúnam e marchem, mais ou menos imóveis, sem levar em conta seu verdadeiro potencial criativo e, por vezes, devastador. Um "simultaneamente" que manteria a possibilidade permanente de um "e no entanto", a permanência de uma "complexidade intranquila", como sugere Georges Didi-Huberman. E, como sabemos, o "não há no entanto" leva rapidamente ao "não há por quê"…[10] E assim surge a surdez, ou melhor, o ruído da guerra, já que a contradição "não antagônica", tendo se tornado "antagônica", é o único quadro para tentar gerenciá-la. Se a contradição tivesse permanecido "não antagônica", o mundo mais ou menos fluido da polifonia é que teria se desdobrado, com suas possibilidades de transformações criativas.[11]

---

[9] "A significação universal, estrutural ou tópica da instituição refere-se a normas instituídas, ao que já está presente, estabelecido… A significação particular, dinâmica da instituição refere-se ao ato de instituir, fundar, modificar o sistema instituído. É o lugar do instituinte… A significação singular, morfológica da instituição refere-se a formas sociais visíveis, sejam elas de origem eclesiástica ou estatal", escreve René Lourau em seu livro *Analyse institutionnelle*, Paris: Minuit, 1970. Poderíamos ainda associar esses três momentos, respectivamente, ao seu sistema de referência: o da coisa, o de uma instância imaginária e o da significação simbólica, ou ainda, segundo outro eixo, o da ideologia, o do libidinal e o do político (in Mireille Tosquellas-Pitot, *Réflexions à propos d'une institution particulière: la réunion du collectif soignant dans un service de soins psychiatriques*, mémoire pour le ces de Psychiatrie, Marselha, 1975).

[10] Georges Didi-Huberman, *Le témoin jusqu'au bout*. Paris: Minuit, 2022, p. 13.

[11] Mao Tsé-tung, *Sobre a contradição*. Esse texto deve ser necessariamente relacionado com a obra *Sobre a prática*. Trad. José Maurício Gradel. Rio de Janeiro: Zahar, 2008.

Mais uma vez, é importante enfatizar a necessidade, por um lado, de uma análise contínua – uma análise que inclua, evidentemente, aqueles que ocupam a posição de analistas – e, por outro, da implementação de instituições diversas, sempre polifônicas e em comunicação entre si, que também sejam incluídas no processo de análise que se complexifica. Será particularmente importante diferenciar os movimentos dos "papéis dinâmicos" encarnados e encarnando necessariamente o jogo das posições do supereu, do ideal, do eu e dos desejos.[12]

Compreendemos, com essas bases conceituais expressas nesses termos ou não, a oposição de Tosquelles e do POUM ao Partido Socialista Unificado da Catalunha (PSUC), um partido ligado à Terceira Internacional que defendia a unidade em sua própria denominação. Se a unidade já foi alcançada, resta apenas perseguir tudo o que se opõe a ela, pela violência, primeiro, e sob qualquer forma. A eliminação da contradição se torna uma necessidade. Isso me faz pensar que, ao contrário do que se costuma dizer, Tosquelles não foi condenado à morte por Franco. Claro que, como todo militante mais ou menos ativo da causa republicana, ele estava condenado à morte. Assim como qualquer um que fosse visto e considerado pelos fascistas suscetível de ser um republicano, portanto um inimigo, um perigo a ser eliminado. Ou por nada, por sua atitude, seu olhar, sua postura... ou até mesmo por seu desejo do momento, tamanha era a barbárie e a selvageria, tamanho era o ódio, o desprezo e o sentimento de superioridade dominantes. Mas ele não foi "nomeadamente" condenado à morte por Franco. Por outro lado, ele foi condenado pelos comunistas oficiais ou por alguns deles, inclusive aqueles ligados às Brigadas Internacionais sob o comando de André Marty, o antigo "amotinado do Mar Negro", que se tornou o "carniceiro de Albacete". Basta lembrar a tentativa

---

[12] Diego Napolitani, intervenção nas IV Jornadas de Interesse Psiquiátrico, organizadas pelo Instituto Pere Mata de Reus, em 1971. Arquivos pessoais.

de assassinato da qual Tosquelles foi alvo por parte de um comissário político que viera falar com ele. Estava previsto que ele o mataria com uma bala "por trás", uma "bala perdida", como diziam. No último momento, os dois protagonistas se reconheceram como sendo da mesma cidade (Reus) e tendo se conhecido na escola. O comissário político abandonou sua missão e o aconselhou a tomar cuidado com o risco de uma próxima missão por outro militante, encarregado do mesmo objetivo. Em nome de uma espécie de *fatwa*...

É importante observar que a grave oposição e as práticas radicais de eliminação de opositores não impediram Tosquelles de ser designado para a direção do setor de Almodóvar del Campo por um general do exército republicano de orientação comunista, mesmo após a interdição do POUM e as perseguições que se seguiram – que foram desde prisões e encarceramentos até assassinatos, em particular o de Andreu Nin (1892-1937), um dos líderes do partido,[13] passando pela realização de julgamentos no estilo "processos de Moscou". Esses fatos foram consequência dos graves acontecimentos das Jornadas de Maio da Central Telefônica de Barcelona, quando o POUM se uniu aos anarquistas para resistir ao ataque do exército e da polícia sob comando comunista.

Assim, a experiência de Tosquelles na região de Aragón foi essencial para a sua trajetória, mais até do que a de Almodóvar del Campo, onde ele criou uma das primeiras comunidades terapêuticas do mundo e desenvolveu um trabalho semelhante ao setor francês. Entretanto, é preciso lembrar que, antes disso, na Catalunha, particularmente sob o impulso de Mira, já havia sido desenvolvida uma prática psiquiátrica setorial, chamada "comarcas", que organizava cuidados e prevenção com base em uma subdivisão geodemográfica,

---

[13] Execução que, hoje sabemos, foi "encomendada" pelo general Alexandre Orlov, um influente espião da NKVD [Comissariado do Povo para Assuntos Internos].

econômica e cultural. A experiência em Almodóvar del Campo se insere nessa continuidade.

O governo da República aceitou esse tipo de organização, pelo menos no âmbito local, atendendo ao pedido de Tosquelles. Todavia, essa questão foi objeto de discussões longas e difíceis. Na França, a política setorial mencionada, embora fizesse parte dos projetos das políticas sociais da Liberação, foi proposta numa circular em 1960 e só foi concluída na década de 1970, sendo finalmente oficializada nos anos 1980. No entanto, atualmente, vem sendo objeto de destruição sistemática enquanto princípio de organização da psiquiatria pública.

No fundo, podemos afirmar que a obra de Tosquelles se resume a possibilitar a criação de conjuntos e subconjuntos, instituições sempre múltiplas e às vezes contraditórias, mas articuladas entre si e conectadas por pontes.[14] Mais do que permitir a criação de instituições, seria mais pertinente dizer que ela permite que esses subconjuntos, muitas vezes já existentes, se desenvolvam, tomem consciência de sua existência e se expressem direta ou indiretamente. Em todo caso, repito,

---

14 Tosquelles declarou em 1986, durante as primeiras jornadas de Saint--Alban, chamadas Primeiras Jornadas de Psiquiatria Institucional, que ele empregava os termos "conjuntos" e "subconjuntos" (que ele diferenciava de "grupo") com base na teoria da forma, e não o termo "instituição", não depois que Georges Daumezon e Philippe Koechlin se referiram às práticas psiquiátricas de Saint-Alban e Fleury-les-Aubrais como "psicoterapia institucional" em Portugal, em 1952, mas em particular até os esclarecimentos fornecidos por Ginette Michaud em sua tese de filosofia, em 1956 – publicada clandestinamente em Saint-Alban e mais tarde publicada oficialmente sob o título de *La Borde, un pari nécessaire*, pela editora Gauthier-Villards, em 1977. Ele se refere frequentemente ao trabalho de Werner Wolf dos anos 1930, que introduziu a teoria da Gestalt, para sugerir a necessidade de analisar a instituição como um "conjunto" e a Paul Guillaume, *La psychologie de la forme* (Paris: Flammarion, 1937), a Kurt Goldstein e sua obra de 1934, *La structure de l'organisme: introduction à la biologie à partir de la pathologie humaine* (Paris: Gallimard, 1952, 1983).

isso supõe, por um lado, um trabalho de análise permanente e, por outro, que se criem pontes graças à circulação de pessoas e à circulação da palavra.

Tosquelles realizou esse trabalho de *"pontier"*,[15] na prática, certamente graças ao seu enorme saber, mas principalmente por meio de suas palavras – nem sempre fáceis de acompanhar, aliás – e seu humor – nem sempre fácil de aceitar e às vezes bastante provocativo.

Aliás, seu amigo André Chaurand costumava dizer: "Tosquelles, para ser aceito, abandone esse sotaque e essa mania de bancar o palhaço". E Tosquelles respondia incansavelmente: "Meu sotaque? Eu falar mal francês? Jamais! Se falo mal o francês, é para que o outro se esforce para me entender. Para que isso o obrigue a refletir sobre o que se passa comigo e, portanto, sobre o que se passa com ele, no presente e além, sobre tudo o que aconteceu em sua própria vida. Ele é obrigado a me traduzir em sua própria língua, o que lhe permite narrar os acontecimentos de sua vida. Não apenas formular essa narrativa, mas também endereçá-la. A quem? Essa é outra questão, que leva à transferência e aos erros de endereçamento... É aí que ele se torna verdadeiramente terapeuta, não apenas de si mesmo, mas também, *en passant*, desse outro (ou desses outros) que, diante dele, ocupa(m) inicialmente a posição oficial de terapeuta(s) e que acaba(m) sendo transformado(s) por esse trabalho". Certamente, de maneira diferente, se forem vários.

"Minha prática de *clown*? Também jamais. O humor permite dizer muitas coisas que serão mais facilmente compreendidas pelo outro. A função do palhaço, do bufão, era enunciar coisas não ditas, embora muitas vezes elas sejam mais ou menos conhecidas de todos, sem o risco de sua fala ser cortada, mas também a sua cabeça. Dizer essas coisas não ditas,

---

15 N. T.: Não há em português uma tradução direta para *"pontier"*, porém, algo equivalente seria a ideia de um "operador de pontes móveis". Mais adiante, Tosquellas faz um jogo de palavras entre *"pontier"* e *"pontife"* e, em vista disso, optei por manter a palavra em francês.

eventualmente secretas, ocultas ou até mesmo negadas, permite trabalhar contra os processos de repetição, não apenas no indivíduo, mas também, às vezes, nas gerações seguintes, repetições que levam muitas vezes a patologias complexas e sempre dolorosas."[16]

Sim, Tosquelles era um "*pontier*"! Mas, cuidado, o termo "*pontier*" evoca outro, muito próximo: o de "*pontife*" [pontífice]. E sabemos que o "*pontife*" tem muitas vezes certa maneira de falar por meio de *bulles* [bulas]. Não *bulles de savon* [bolas de sabão] que estouram e fazem a alegria das crianças (e muitas vezes dos adultos, ainda crianças ou que gostam das ilusões ou das verdades que se transformam em balões, ou que já foram crianças), mas *bulles* que se esculpem no "mármore", no tempo; *bulles* que ordenam o que os outros devem pensar e fazer. *Bulles* que são instrumento de poder e, portanto, portadoras de alienação.[17] Uma

[16] Em um fragmento de texto intitulado "Les quatre de Montpellier", que faz parte de *Conversation de F. Tosquelles à l'Institut Pere Mata*, Tosquelles volta a essa crítica de Chaurand e acrescenta: "Quanto à minha atitude de bufão, parecia-me que, apesar de ser um dos aspectos relativamente frequentes dos ômegas, e se bem que fosse imprópria, era operacional na psicoterapia institucional, com a condição de que o ator das bufonarias soubesse não cair em manifestações hipomaníacas. De fato, não devemos ver o bufão clássico somente como aquele que é admitido no festim dos mestres, que os diverte com suas proezas, jogos de palavras e ideias. Eu lhe disse que o bufão desempenhava, mais do que isso, um papel de analisador institucional indispensável ao grupo: como você acha que as 'autoridades' conseguiriam conduzir e manipular grupos tão heterogêneos se tivessem apenas os relatórios de seus conselheiros?".

[17] Hortoneda me lembra que poderíamos usar o termo "*pontifes pontifiants*" [pontífices pontificantes], o que suporia a existência de pontífices não pontificantes. "Mestres" que deixam de lado seu poder. Que não funcionaria por emissão de *bulles* [bulas], a menos que suas produções se assemelhem às *bulles* [balões] das histórias em quadrinhos. Aquelas que tendem a se articular a certa distância dos corpos dos quais provêm e que muitas vezes têm dificuldade de se articular entre si. Como se essas palavras tivessem medo de se perder ou voar, pois não estão acostumadas

alienação social que se perpetua com uma maior ou menor participação de cada um; uma alienação social que se soma à alienação psíquica de cada um, que deriva dos imprevistos de seu próprio desenvolvimento, em seu trabalho para se tornar humano entre outros humanos, outros coletivos humanos. Essas alienações que às vezes levam a impasses mortais, a becos sem saída que há séculos foram chamados de "doença mental", depois de terem sido chamados simplesmente de "alienação" (Pinel)[18] e que antes eram chamados de "possessão", por exemplo.

Nesse sentido, Tosquelles não era um "*pontife*", mesmo que alguns o vissem ou o desejassem assim. Isso era exatamente o que lhe causava desconfiança e que ele não queria, e é por isso, em particular, que ele não criou uma Escola, apesar das pressões que às vezes ele sofria. Nem o GTPSI[19] nem a efêmera Sociedade de Psicoterapia Institucional funcionaram como uma escola. Permanecer um "*pontier*", um facilitador, um passador, mas não cair na armadilha alienante do modelo

---

a se separar do local de sua produção. Hortoneda também me lembra das contribuições de [Léopold] Szondi, que, no meio de uma multidão de fatores, situa o "eu *pontifex*", o "eu *pontifex-oppositorum*" e sua função, sobre a qual não vou insistir aqui.

18 Alienação, com formas diversas, é uma concepção distante daquela que considera que existem vários tipos de doenças mentais, independentes umas das outras.

19 Grupo de Trabalho de Psicoterapia e Socioterapia Institucional. Esse grupo se reuniu catorze vezes entre 1960 e 1966. Foram realizadas onze sessões e, até o momento, apenas as cinco primeiras sessões foram publicadas pela Edições d'Une. Em 2013, Olivier Apprill publicou uma análise dessas sessões intitulada *Une avant-garde psychiatrique: le moment GTPSI (1960-1966)* (Paris: Epel). Ele define esse grupo como um "lugar de pensamento coletivo em confronto com o inconsciente e a psicose, o GTPSI se distingue de uma simples sociedade acadêmica pela constante revisão de seus membros, pela vontade declarada de 'não deixar nada passar'. Em busca de uma coerência teórica e clínica, esses médicos optaram por rejeitar qualquer posição do psiquiatra que tenda a evitar a loucura".

a ser imitado e reproduzido, do aparelho de reproduzir o mesmo... Fazer um trabalho de formação é permitir que o outro descubra por si mesmo suas próprias realidades e as do mundo em que vive, mais ou menos bem, aliás.

Podemos constatar, portanto, que, mesmo que os contextos mudem, Tosquelles sempre trabalhou para que esse contexto, instituição ou outro facilitasse a descoberta, para cada um de nós, trabalhadores da saúde ou pacientes, de nossos próprios recursos e nos incentivasse a colocá-los em prática, para continuar uma tarefa sempre necessária e inacabada.[20]

———

JACQUES TOSQUELLAS nasceu em 12 de junho de 1944 em Saint-Alban.[21] Estudou como interno no Liceu Chaptal, em Mende, a cerca de quarenta quilômetros de sua cidade natal, e, nos últimos dois anos de ensino médio, em Aurillac, cidade do departamento do Cantal onde morou com o doutor Horace Torrubia, exilado espanhol, comunista e analisando de seu pai. Foi membro do Partido Comunista Francês de 1962 a 1963 e da União dos Estudantes Comunistas por um longo período. Também participou de uma fração trotskista e, posteriormente, foi membro-fundador do Partido Comunista Marxista-Leninista da França, uma organização maoísta que se dissolveu após 1968.

Em 1970, formou-se em medicina na cidade de Marselha e, no ano seguinte, especializou-se em psiquiatria. Ao longo de sua carreira, foi médico-chefe em diferentes serviços e setores, dos quais Laragne-Montéglin (departamento de Hautes-Alpes) até o fim de 1972, Digne (Basses-Alpes) até o

---

20 A última frase foi proposta por Fernando Vicente.
21 N. E.: No decorrer de nossas conversas em 2023, Tosquellas me forneceu dados biográficos sobre o seu percurso no campo da saúde mental que compartilho aqui.

fim de 1973, La Timone (Marselha) até o fim de 1974 e Hospital Edouard Toulouse (Marselha) até 1975. Posteriormente retornou a La Timone, onde trabalhou até a sua aposentadoria. Durante esse período, deu continuidade à construção da psicoterapia institucional e introduziu inovações no campo da saúde mental francesa, como os apartamentos associativos[22] em 1980, os hospitais-dia e outros.

Tosquellas também se formou em terapias mediadas pelo corpo, como análise bioenergética (no Instituto de Análise Bioenergética França-Sul, afiliado ao Instituto Internacional de Análise Bioenergética, de Alexander Lowen) e em psicanálise. Especializou-se em facilitação de grupos Balint pela Sociedade Médica Balint, de cujo conselho administrativo foi membro por muitos anos, e participou da Associação Internacional de Psicodrama Balint como membro-fundador.

Hoje coordena grupos e participa da formação de profissionais, especialmente em Cuba, onde há mais de dez anos realiza sessões (Havana, Pinar del Río e Matanzas). É membro da Associação Cubana de Psiquiatria e da Associação Franco-Cubana de Psiquiatria e Psicologia.

Tosquellas é membro-fundador da Associação Mediterrânea de Psicoterapia Institucional, da qual foi presidente

---

[22] De acordo com Tosquellas, trata-se de apartamentos terapêuticos onde ficam alojadas as pessoas acompanhadas no setor (consulta, hospital-dia etc.). Pela lei francesa, esses espaços pressupõem um acordo entre a Previdência Social e a administração do hospital, porém esse acordo era impossível com a Assistência Pública de Marselha, por isso foi criada a Associação de Saúde Mental do 1º Distrito de Marselha, que serve de intermediário para o pagamento dos aluguéis: a associação (sublocadora) paga o aluguel e os pacientes lhe devolvem uma parte. Os trabalhadores da saúde se organizam em equipes de referência para cada apartamento, realizam visitas domiciliares, trabalhos comunitários e educativos no local, às vezes ajudando nas compras e na gestão do cotidiano. Ao longo do tempo, o número de apartamentos (de 1 a 5 lugares) aumentou e houve uma redução no número de leitos em hospitais. Há reuniões e supervisões para as equipes de cada apartamento e uma geral.

por um longo período e atualmente é vice-presidente. A associação organiza anualmente jornadas de Psicoterapia Institucional em Marselha, além de seminários, formações, entre outras atividades.

Publicou diversos artigos e dois livros: *Francesc Tosquelles, ses vices constitutionnels, psychiatre, marxiste, catalan* (Paris: D'Une, 2021) e *Maurice Despinoy, entretiens avec J. Tosquellas* (Paris: D'Une, 2017).[23]

---

[23] Maurice Despinoy foi diretor do Hospital Psiquiátrico de Saint-Alban de 1947 a 1951 e tornou-se amigo de Frantz Fanon durante seu estágio na instituição. Posteriormente abriu o Hospital Psiquiátrico de Colson, na Martinica, e o Hospital Psiquiátrico Édouard Toulouse, em Marselha. Tosquellas foi seu estagiário entre 1968 e 1971. Despinoy fundou um intersetor de psiquiatria infantojuvenil em Marselha, onde promoveu formações para diversos profissionais, principalmente psicólogos – próximos dos psicanalistas anglo-saxões que Despinoy convidava para os seminários.

© sobinfluencia, 2024
© Ubu Editora, 2024

sobinfluencia edições
COORDENAÇÃO EDITORIAL Fabiana Gibim, Rodrigo Corrêa e Alex Peguinelli
PROJETO GRÁFICO Rodrigo Corrêa
COMERCIAL Mariana de Abreu Colombi
COMUNICAÇÃO João Lucas Zuvela Kosce

Ubu Editora
DIREÇÃO EDITORIAL Florencia Ferrari
COORDENAÇÃO GERAL Isabela Sanches
DIREÇÃO DE ARTE Elaine Ramos, Júlia Paccola, Nikolas Suguiyama (assistente)
EDITORIAL Bibiana Leme, Gabriela Naigeborin
COMERCIAL Luciana Mazolini, Anna Fournier
COMUNICAÇÃO / CIRCUITO UBU Maria Chiaretti, Walmir Lacerda
DESIGN DE COMUNICAÇÃO Marco Christini
GESTÃO SITE / CIRCUITO UBU Laís Matias
ATENDIMENTO Cinthya Moreira

PREPARAÇÃO Bárbara Borges e Mariana Echalar
REVISÃO Ricardo Liberal

Dados Internacionais de Catalogação na Publicação (CIP)
Elaborado por Odilio Hilario Moreira Junior - CRB 8 / 9949

T714p   Tosquelles, François [1912–94]

Uma política da loucura: e outros textos / François
Tosquelles / organização e tradução de Anderson
Santos; prefácio de Paulo Amarante; Posfácio de
Jacques Tosquellas.
São Paulo: sobinfluencia edições / Ubu Editora,
2024 / 208 pp.

ISBN SOBINFLUÊNCIA   978 65 8474 434 9
ISBN UBU   978 85 7126 150 1

1. Filosofia. 2. Política. 3. Psicanálise. 4. Psicologia.
5. Saúde mental. I. Santos, Anderson. II. Título.

2024-46   CDD 100   CDU 1

Índice para catálogo sistemático:
1. Filosofia 100
2. Filosofia 1

sobinfluencia edições
Galeria Metrópole
Av. São Luís, 187, sala 12, piso 1
01046-001, São Paulo SP
sobinfluencia.com

ubu editora
Largo do Arouche 161 sobreloja 2
01219 011 São Paulo SP
ubueditora.com.br
professor@ubueditora.com.br
/ubueditora

Este livro é composto pelas fontes minion pro e neue haas grotesk
display pro e foi impresso pela margraf
no papel pólen bold 70g / m², com uma tiragem
de 2400 exemplares